JN111565

バクでも稼げる

投資家バク

仮想通貨暴落
NEWS
未曽有の円安
日本経済どうなる?
その日——
最ッッ底!
FXで貯金溶かして誕生日祝えないってバカじゃないの!?
み、
みさきちゃ…
もういい!さよなら!
僕の人生、
オワタ

ぐずっ……
ああ……
僕の人生って
一体……
ぐす…
夢見輝雄(25歳)
会社員

本当だったら
今頃、
ザギンで
シースー、
ワイハでゴイスーな
ライフを送っていた
はずなのに………

ワイハどころか
貯金もない……
一体どうしたら
いいんだ〜〜〜!
ワァッ
ツッ

ゆめみくん
ゆめみくん…!

バ――ン!
ゆめみくん!
誰ェ!?!?!?
着ぐるみ!? 迷惑系youtuber!?
もう! 失礼しちゃうなあ!
僕はみんなのお金の不安を食べるバクくん!
夢見君のお金の悩みを食べにきたんだ!

電池は入ってな〜い!
じたじた
じたじた

ファスナーもな〜い!
ばたばた
ばた

もう!
お金の不安、解決したいの!? したくないの!?
いやそりゃしたいけど…
俺が今から…できるの?

俺の力に…

つねり…
夢じゃな〜い!

目次

第1章

第2章

第3章

第4章 儲かる人・儲からない人の違い10選

第5章

【スタッフ】

カバーデザイン　せのおまいこ
漫画・イラスト　葵山わさび
本文デザイン　松岡羽
編集協力　鹿内武蔵（株式会社ｔｃｌ）
編集協力　北原拓実
企画編集　五十嵐恭平

第1章

「高配当投資」のメリット・デメリット

そもそも高配当投資ってなに？①

不労所得を得られる夢のような投資手法

私は配当金の獲得を目指す「高配当投資」によって資産を構築しています。

「『高配当投資』ってどんな投資？」と思われるかもしれませんが、その言葉どおり「長期にわたって高い配当金を受け取ることを目指し、配当利回りの高い銘柄を購入する投資手法」です。

まずは、高配当投資において、非常に重要ポイントとなる「配当金」についておさらいしていきます。

配当金とは、企業が利益の一部を株主に分配するお金のことで、株主には「利益配当請求権」という配当金を受け取る権利があります。要するに、投資家が資金を出してくれたおかげで事業がうまくいったので、そのお礼として利益の余剰部分を株主に還元するという考え方です。

配当金は、保有している株式の数に応じて配当額が決まります。つまり、保有している株式が多ければ多いほど、配当金も増えます。

ただし、配当金は必ず支払われるわけではありません。

例えば、景気が悪くなれば商品が売れなくなって利益も少なくなります。そうなると、配当金を配る余裕もなくなります。前年は配当金を出していたけど、今年は配当金を減らす「減配」や、配当金を出さない「無配」になるリスクもあります。

また、稼いだ分を事業投資に回してより収益性を上げるため、配当金を出さない企業もあります。

一方で、何年、何十年といった長いスパンにお

高配当投資における優良企業の例

配当金が年々上昇している点に注目

	NTT	KDDI	三菱UFJFG	三菱商事
2017年 (2018年3月期)	75円	90円	19円	110円
2018年 (2019年3月期)	90円	105円	22円	125円
2019年 (2020年3月期)	95円	115円	25円	132円
2020年 (2021年3月期)	105円	120円	25円	134円
2021年 (2022年3月期)	115円	125円	28円	150円

※1年間における配当金の合計
※1株当たりの配当金

日本を代表する企業が、株主に分配している配当金の一例です。4社とも日経225に採用されている銘柄で、世間的には優良企業とされています。過去5年の配当金推移を見ると右肩上がりを続けているので、高配当投資における「優良株」と考えられます。これらのように、配当金が年々上がっている銘柄を探してポートフォリオ化するのが、高配当投資の核となるポイントです。

いて、連続で増配している企業もあります。増配を続けている企業は長期的に業績を伸ばしていたり、利益を蓄積できているので、一時的に業績が落ちてもビクともしない「優良企業」も多いです。

高配当投資の魅力は、株式を持っているだけで、働かなくても収入がある状態、いわゆる「不労所得」を作りだせることです。

老後２０００万円問題や終身雇用の崩壊で将来に不安感が漂っている昨今において、ＮＴＴやＫＤＤＩ、三菱ＵＦＪフィナンシャル・グループ、三菱商事などの名だたる大企業が、優秀な経営者、人材、資産を活用して、世界中で頑張って稼いだ利益を株主として受け取ることができます。

自分が頑張って働いていない時でも、自分が寝ている時でもお金が働いて還元してくれる。そんな夢のような投資手法が「高配当投資」なのです。

そもそも高配当投資ってなに？②

お金がお金を稼いでくれる！

お金を稼ぐ方法は株式投資以外にも何通りもあります。企業での労働の対価として受け取る「給与収入」、自身でビジネスを立ち上げて稼ぐ「事業収入」、所有している不動産を誰かに貸し出して収入を得る「不動産収入」、若い人に流行っている働き方だとYouTubeやTwitchなどの動画プラットフォームでコンテンツを配信し、視聴者を集めて広告を見てもらうことで収入を得る「広告収入」など、稼ぎ方はさまざまです。

ただし、**これらは多かれ少なかれ「自分が頑張って働く」必要があります。**つまり、自身の時間や労働力を使って、収入を得るということです。

例えば、給与収入を得たい場合は、営業なら契約を取らなければいけませんし、プログラマーならプログラムを書かなければいけません。もちろんノルマや期限があり、達成できなければ評価が落ちてボーナスが減るといった場合もあります。

不動産収入なら、まずは物件を探して購入しなければいけません。不動産会社やインターネットでたくさんの候補から物件を決める必要がありますし、キャッシュで買えないなら融資してくれるように銀行と交渉しなければいけません。

広告収入を得たいのなら、良いコンテンツを作成するために企画立案、作成、編集をしなければいけません。そして、時間と手間をかけてどんなに良いコンテンツを作成したとしても、視聴してくれる人がいなければ報酬は発生しません。

基本的に、どの分野においてもお金を稼ぐのは

お金を稼ぐ方法のメリットとデメリット

	メリット	デメリット
会社員 （給与収入）	勤めている間は 安定した収入がある	自分の時間や労力を使わなければならない 業績や評価によっては給与が下がることもある
会社設立 （事業収入）	成功したら 大きな収入が手に入る	成功するために大きな努力が必要。 失敗したら借金になる可能性もある。
不動産投資 （不動産収入）	安定した収入源となる	物件を購入するために多くの資金が必要 不動産会社や銀行などとの交渉が必要
YouTuberなどのコンテンツクリエイター （広告収入）	少ない資金で始められる 安定した収入源となる	コンテンツを作成する労力が必要 必ず稼げるわけではない
高配当投資 （配当収入）	株式を保有している間は1年に1〜2回の配当金を得られる	減配や無配になるリスクもある

一般的なお金を稼ぐ方法のメリットとデメリットです。高配当投資は他の収入方法と異なり、株式を保有しておくだけで定期的に配当金を受け取れるため、自身の時間や労力を使わずに済むメリットがあります。収入が減るかもしれないデメリットもありますが、その場合は他の配当金が出る銘柄に再投資することで解決できます。

非常に大変です。そんな中で、配当金収入は「お金がお金を稼いでくれる真の不労所得」と言っても過言ではありません。なぜなら、株式を保有しているだけで企業から配当金が分配されるからです。

さらに、配当金収入を得るための手間も、給与収入や事業収入を得る手段よりも比較的少なく、かかる時間も短いです。証券会社に口座を開設し、配当金として利益を還元している企業の株式を買うだけで、あとは自動的に配当金が分配されます。

減配や無配のリスクもありますが、業績や財務状態が安定し、何年も継続して配当金を出している企業を選択することで、リスクを軽減可能です。

収入源を増やしたいと考えている人は、この本を読んだ今が始める絶好の機会です。ぜひ高配当投資にチャレンジしてみてください。

デメリット①「一夜でぼろ儲け」はできない

コツコツと資産を増やしていく必要あり

株式投資を始めようとしている人の中には、数か月や数年で大きく稼いだり、いわゆる「億トレーダー」とよばれる億を稼ぐ人になれると想像している人も多いでしょう。

たしかに、バイオ系やテック系のような成長性の高いグロース株（株式市場全体の平均より成長率が高い銘柄）を買って、株価が大きく値上がりした時に売れば利益も大きくなります。売買差額による利益、いわゆるキャピタルゲインを狙う投資には夢があります。

一方で、**高配当投資は売買益ではなく、配当金による利益、すなわちインカムゲインを狙います。**そのため、一夜で大きく稼げる投資方法ではなく、配当金を得ることでコツコツと資産を増やしていく非常に地味な投資手法です。

投資先は、今は中規模だけど、事業内容は大きくなりそうで、将来的に株価が10倍になりそうな成長性の高い企業、いわゆるテンバガーを達成しそうな銘柄を狙いません。

反対に、業績が安定していて、将来にわたって配当金を出してくれそうな底堅い企業に投資します。

また、株価が上昇して含み益になっても、株価が下落して含み損になっても、基本的には配当金が出る限り保有し続けます。つまり、**イケイケの成長株に投資して大きな利益を狙う投資方法とは正反対の投資方法**です。

一夜にして大富豪を目指す投資ではない

高配当投資の年間利回りは３～４％とも言われており、これは１００万円の資金で始めた場合、１年後の資産は３～４万円ほど増える計算となります。

もちろん、これは何の問題もなかった場合です。リーマンショックやコロナショックのような経済に大きな影響を与えるできごとが起きた場合、配当金が減配、もしくは無配になる可能性もあり、その場合は収入が減ってしまうので利回りが減少します。

また、配当金にも税金がかかります。配当金を得るごとに約20％の税金が課せられます。例えば、５０００円の配当金を得たら、５０００×０・２＝１０００となり、１０００円が引かれた４０００円が手元に残る金額です。この課税によって投資で稼いだお金を再投資に回す複利の効果が弱まるので、資産拡大のスピードは遅いです。

基本的に高配当投資は、「今を豊かにするお金」を稼ぐ投資方法です。配当金を生活費の足しにしたり、趣味に使えるお金を増やすために行うと非常に効果的です。もちろん、将来の資産を増やすこともできますが、それには大きな投資資金と時間が必要です。

もし「将来必要なお金」を稼ぎたい場合は、ＮＹダウやナスダックに投資をするインデックス投資の方が向いています。

「将来必要なお金」を稼ぎつつ、「今を豊かにするお金」も稼ぎたいと思うのなら、インデックス投資を運用しつつ、高配当株の銘柄にも投資するという二刀流の運用がおすすめです。

デメリット② 銘柄を選ぶ目利きを要する

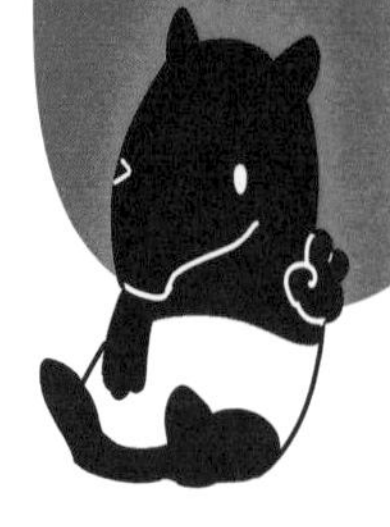

優良企業でも将来はどうなるかは分からない

高配当投資では、配当利回りの高い銘柄に投資するのが基本中の基本ですが、配当利回りが高い＝リスクの裏返しであることを肝に銘じておきましょう。

配当利回りは、１株あたりの年間配当金を現在の株価で割った数値です。その性質上、株価が下がれば配当利回りは上昇します。つまり、配当利回りが高い銘柄は株価が下落トレンド入りしている可能性もあるということです。

株価が下落している状態では、投資家が売りたい何らかの原因があります。例えば、業績が悪化しそうだから決算発表の前に売却しておこうと考えている場合や、経済全体が悪いから売られている場合もあり、将来的な「減配」「倒産」の可能性があります。

また、これ以上の成長が見込めない、何かしらの不祥事が起きた、財務状況に懸念があるなどの銘柄はリスクがあるので、基本的には投資家に人気がありません。そのため、注目を集めるために「高配当」を武器にしているケースもあります。

高配当だからといって、そのような企業に投資をしていては安定的な配当金を受け取ることはできません。

リスクの高い銘柄を回避するためには、業績成長、財務健全、株主への還元に積極的な企業を見つけることが、高配当投資の肝と言えます。

また、事業が大きく成長している、財務が堅調な企業なら絶対安全かというと、そういうわけで

どんなに優良企業でも将来は分からない

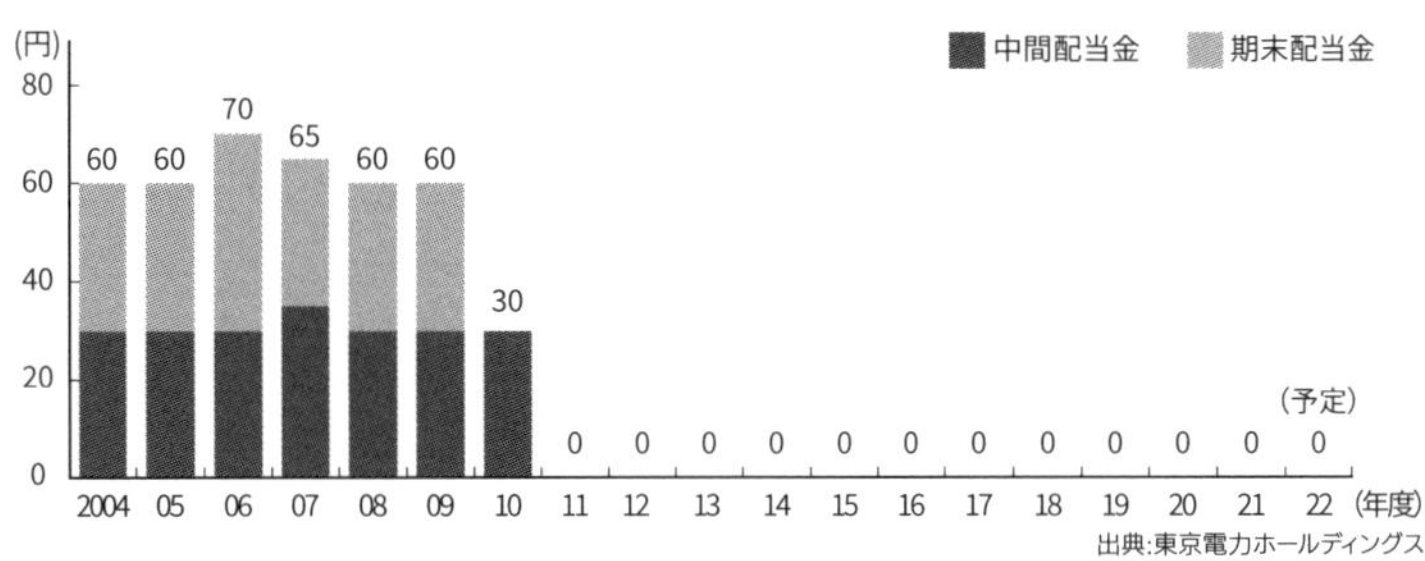

東京電力ホールディングスの配当推移です。2009年度までは安定して配当金を出していましたが、2011年3月期に大きく減配となり、2012年3月期からは現在まで無配が続いています。現在はどんなに良い企業でも将来は分からないので、リスク管理はしっかりと行いましょう

もありません。

有名な例としては東京電力ＨＤが挙げられます。東京電力ＨＤは生活に必要不可欠な社会インフラを担う企業として業績も安定しており、潰れることのない優良企業として有名でした。

しかし、２０１１年３月11日の東日本大震災の原発事故を機に、今日に至るまで東京電力ＨＤの株価は震災前の２００７年の高値４５３０円から10分の１の４７０円台まで下落。２０１１年３月期までは出していた配当金も、２０１２年３月期から現在まで無配の状況が続いています。

その例を考えると、今は事業や財務も堅調で、配当もしっかりと出している企業でも将来はどうなるか分からないのが現実です。いつ減配や無配になるか分からないリスクがあることを頭に入れつつ、なるべくリスクが少ない銘柄を選ぶためにも企業分析はしっかりと行いましょう。

デメリット③ 自分でポートフォリオを作成する必要がある

リスクには分散ポートフォリオ化すること

相場格言の一つに「卵は一つのカゴに盛るな」という言葉があります。これは全ての卵を入れたカゴを落としてしまったら全ての卵が割れてしまうが、複数のカゴに分けておけば一つのカゴがダメになっても他のカゴは無事という意味です。

つまり、一つの銘柄や投資商品に全資金を投資した場合、その銘柄や投資商品が暴落したら大きな損失を被るので、リスクを分散させるためにさまざまな銘柄や投資商品に分散投資しようと忠告している格言です。

株式投資における分散投資の一つに、銘柄を分散して購入する方法があります。例えば、1社にだけ全資金を投入した場合、その会社の株式が暴落した際に大きな損失となります。それを避けるために5社や10社に分散して投資すると、1社の株価が暴落しても残りの会社の株式があまり下がらなければ損失を減らせるという考えです。

リスクがゼロになるわけではありませんが、大きな損失をしにくくなるメリットは大きいので、高配当投資をする人も分散投資をおすすめします。

ETFか自力でポートフォリオを組むか

銘柄を分散させる方法の一つとして、ETF(上場投資信託)を購入する方法があります。ETFとは証券取引所に上場している投資信託で、数十~数百種類の銘柄をポートフォリオ化して、NYダウや日経平均といった株価指数との連動を目指

できるだけ多くの企業に投資した方が良い

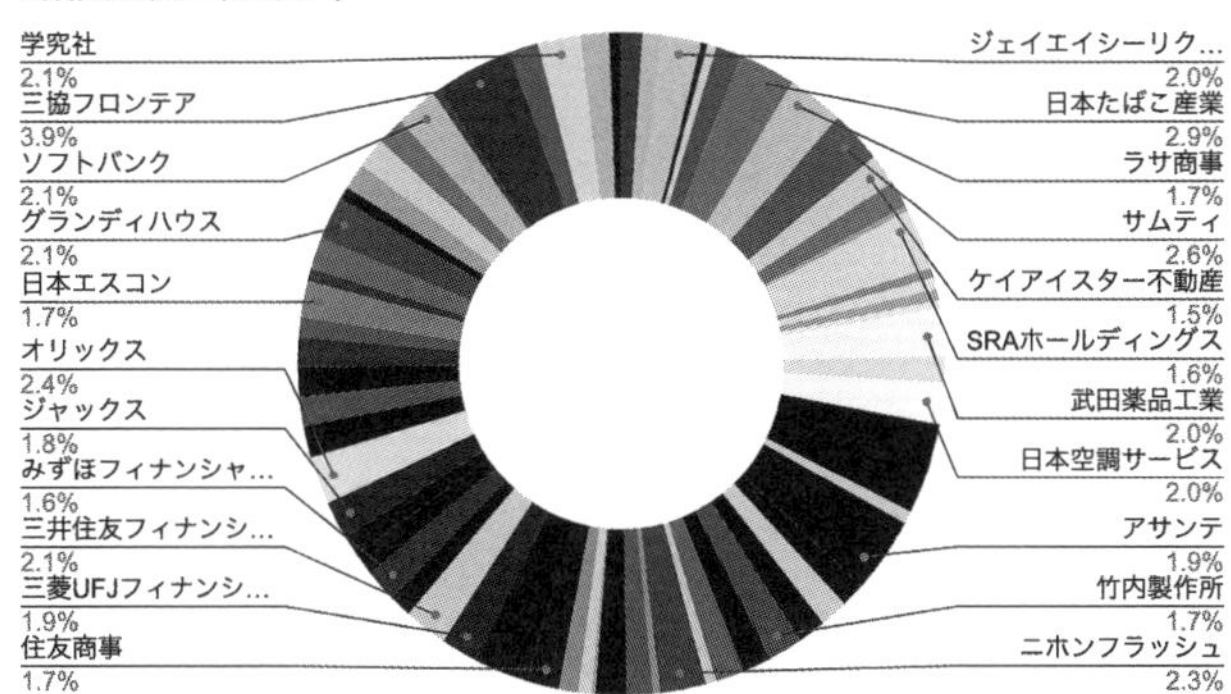

2021年9月時のポートフォリオです。優良な高配当銘柄を数十社〜数百社選定し、分散して投資しましょう。いくら高配当と言えども、1つの業種や1社に集中してしまうと、集中した先の業種や企業の業績が悪化した時に減配や無配になるリスクが大きくなります。分散しておくと、1つが悪くなっても、他でカバーできるので分散投資がおすすめです。

します。**さまざまな企業の株式を詰め合わせたパッケージを購入する感じなので、投資知識のない初心者でも分散投資をしやすいです。**

ただ、個人的には、ＥＴＦはあまりおすすめしていません。日本の高配当ＥＴＦは手数料が高かったり、構成している銘柄があまり良くなかったりするからです。

日本株で高配当株投資をする場合は、自身で優良な高配当株を50~１００社ほど見つけて、業種や事業内容別に分散しながらポートフォリオを構築した方が良いと思います。

自分オリジナルのポートフォリオを苦労して作り上げ、実際に運用していくのは投資家の醍醐味でもあるので、ぜひチャレンジしてみてください。また、私のブログやYouTubeチャンネルではポートフォリオや銘柄を紹介しているので、参考にしてください。

メリット① 日々の生活が豊かになる

「今」を豊かにするのが高配当投資の妙味

私が行っている高配当投資は、1年～2年で100万円を1000万円にするような、資産を急激に増やせる投資手法ではありません。配当金をもらってコツコツと資産を増やしていく投資方法です。「資産を大きく増やせないなら、高配当投資をする意味はないよね」と思われるかもしれませんが、高配当投資は基本的に「今」の生活を豊かにできる大きなメリットがあります。

例えば、インデックス投資と比較してみましょう。インデックス投資はNYダウや日経平均などの株価指数との連動を目指す投資方法です。NYダウに投資をした場合、過去20年右肩上がりで上昇しているため、資産も右肩上がりで上昇する可能性が高いと判断できます。「資産の最大化」を目的とするのなら、高配当投資よりもインデックス投資の方が向いています。

ただし、インデックス投資は長期で運用するほど利益が大きくなっていくと言われており、大きな恩恵を受けられるのはおそらく十数年後です。将来の豊かさは確保できる可能性が高いですが、短期では利益を出しにくいため、株式投資で得たお金で旅行を楽しんだり、外食に行って少し贅沢に過ごすといった、「今」の生活を豊かにはできないというデメリットがあります。

一方の高配当投資は、配当金を分配する企業の株式を保有していれば、基本的に1年に1～2回の配当金が振り込まれるので、ボーナス的な感じで生活費の足しにしたり、欲しいものを買うため

月3万円でこれだけのことができる

できること	費用
通信費(格安SIM)	3000
水道代	2000
電気代	5000
ガス代	3000
NHK代	2000
スポーツジム	10000
Youtubeプレミアム	1500
MoneyForward ME	500
Amazon Prime	500
オンラインコミュニティ	1000
合計	28500

私の生活を前提にした、月3万円の収入で可能なこと一覧です。これだけのことができるのは大きなメリットといえます。人によってはこれ以外にさまざまな出費があるかもしれませんが、配当金によって、日々の生活を豊かにできることが分かると思います。

に使うなど、日々の生活を豊かにできます。

また、分配された配当金を使って高配当銘柄を買い増していくことで、より多くの配当金を獲得できます。高配当投資でも、手段によっては将来に向けた資産構築も可能です。

仮に、配当金を月に3万円受け取れるまでになったと考えてみましょう。月3万円と聞くと、「株式投資にしては少し物足りないな」と感じるかもしれません。しかし、月3万円の収入があった場合にできることを考えてみてください。おそらく、「3万円でもこんなことができるんだ」と感心すると思います。

私も月3万円の配当金で何ができるかを考えたことがありましたが、家賃以外の水道代や通信費などの固定費を全てまかなえてしまえると分かり、「日々の生活がこれだけ豊かになるのか」と非常に感動しました。

メリット② 収益が安定している！

不況時でも配当金を出す銘柄に投資する

高配当投資の二つ目のメリットは「収益が安定している」こと。株式相場では数年に1回は「〇〇ショック」と呼ばれる大暴落が発生する可能性があり、大きな損失を被るリスクがあります。

有名なものだと、未曽有の金融危機と呼ばれた２００８年のリーマンショック、２０１５年のチャイナショック、最近では２０２０年のコロナショックで株価が大きく下落しました。

これら「〇〇ショック」は株式投資を行っていく上で避けては通れないイベントです。

株式を売買してその差額の利益を狙う「キャピタルゲイン」を目的に株式投資を行う場合、「〇〇ショック」による急激な株価の下落によって、大きな損失を被るリスクがあります。

しかし、高配当投資の核となるのは「配当金」です。株価が大幅に下落するような相場状況でも、配当金が減配や無配にならない限り、継続して収入を得ることができるのです。

ただし、〇〇ショックが起きたときは各国の経済状況が悪くなるため、それに伴って企業業績も悪くなります。そのため、減配や無配となる企業も多いです。ですが、〇〇ショックをものともせず、配当金を出す企業もあれば、むしろ配当金を増やしている企業も多数存在しています。

例えば、三菱ＵＦＪフィナンシャル・グループはリーマンショックが起きる前年の２００８年３月期の配当金は14円で、リーマンショックが起きた２００９年３月期は2円減配していますが、12

○○ショックでも配当金を出す企業はある!

三菱UFJフィナンシャル・グループの配当金推移

	年間	中間	期末
2022年3月期	28円	13.5円	14.5円
2021年3月期	25円	12.5円	12.5円
2020年3月期	25円	12.5円	12.5円
2019年3月期	22円	11円	11円
2018年3月期	19円	9円	10円
2017年3月期	18円	9円	9円
2016年3月期	18円	9円	9円
2015年3月期	18円	9円	9円
2014年3月期	16円	7円	9円
2013年3月期	13円	6円	7円
2012年3月期	12円	6円	6円
2011年3月期	12円	6円	6円
2010年3月期	12円	6円	6円
2009年3月期	12円	7円	5円
2008年3月期	14円	7円	7円

出典:三菱UFJフィナンシャル・グループの配当情報を基に作成

三菱UFJフィナンシャル・グループの配当金の状況です。リーマンショックが起きた2009年3月期は前年より2円減配になっていますが、コロナショックが起きた2021年3月期は前年と変わらない配当金を出しています。このように安定した配当金を出す企業がおすすめです。

円の配当金を出しており、配当自体は続けています。

そして、直近のコロナショックが起きた2021年3月期の配当金は、前年の2020年3月期の25円と変わらない25円を出しています。

このように、○○ショックでも変わらずに配当金を出す企業を見つけて投資することで、暴落が起きても「配当金は変わらずに出るし、今は含み損でも株価はいずれ戻るから大丈夫」というメンタルで過ごせます。

これから株価が上がる銘柄や○○ショックが起きるタイミングを予測するのは、プロの投資家やアナリスト、AIでも難しいです。しかし安定して配当金を出してくれる企業は財務状況や業績、過去の実績からある程度は選定できるので、毎年の収益を予想しやすいメリットがあります。

メリット③　相場に張り付かなくてもOK

しかし、私が行っている高配当株投資はデイトレードのように短期で取引は行いません。それどころか、基本的に買った株式を売ることも滅多にしない投資手法です。

株式投資の格言に「売りは早かれ買いは遅かれ」という言葉があります。その意味は「株式を買う時のチャンスは多いのでじっくり待っても良いが、株式を売る時のチャンスは少ないのでなるべく早く行動するべき」という教えです。

株式投資は、保有している株式が値上がりしただけでは利益になりません。株式を「売却」をしたタイミングで、初めて自分の利益になります。

しかし、売却のタイミングを測るのは難しいです。含み益が大きくなったら「まだ上がるかもしれない」と考えて売却しなかったら、次の日には

高配当株投資は相場をずっと見る必要がない

株式投資は、ずっとPCに張り付いてチャートを眺め、頻繁に取引をする必要があると勘違いしている人も多いのではないでしょうか。

テレビドラマなどに出てくる投資家はずっとチャートを見ているように描かれますし、YouTubeやTwitterなどで「短期で売買して利益を出した」と主張している人もいるので、ずっと相場に張り付いて取引をしているようなイメージを持っている人もいるでしょう。

たしかに、株式を買ったその日に売却するデイトレードと呼ばれる投資手法だと、短期で売買を繰り返して利益獲得を目指すため、ずっと値動きを見ていなければいけません。

暴落して利益が無くなってしまうこともあります。

また、株価が下落したら「このまま下落したらどうしよう」と慌てて売却したら、そこから上昇していったというケースもあります。それだけ株式を売却をするタイミングは難しく、どこで利益確定しようか悩んでいる投資家も多いです。

「プロ級」のノウハウがなくても稼げる

一方で、高配当株投資は基本的に「株を一生売らずに、配当金をもらい続ける」投資手法です。

基本的に、配当金は株式を保有していれば配分されます。逆に言えば、株式を売却してしまったら配当金は手に入りません。

つまり、配当金が出る限りは株式を売却しないため、売却のタイミングを探る必要はありません。

そのため、売却のタイミングを測るためにチャートをずっと見続けたり、上がるか下がるかの相場予測をする必要はありません。

株価の下落時も同じで、配当金が出続けるのなら株式の売却をする必要がないので、含み損が出ているからと慌てることもなくなります。

チャート分析や相場分析は最小限でありながら、一生利益を得続けられる投資が高配当投資なのです。株式相場が開いている時間帯は必ず勤務している会社員のような、チャートに張り付いて取引する時間のない人でもハードルが低い投資方法です。

ただし、配当金が出なくなった場合は株式を売却する必要があるので、株式を買っている企業の配当金の状況は常に確認しておく必要があります。

1章 まとめ

「今」を豊かにするお金が、働かなくても入ってくるのが高配当投資の最大の魅力

高配当株投資は株式投資でよく聞く、「短期で売買を繰り返して億万長者」だとか、「株価が10倍になりそうな成長著しい銘柄に投資して一攫千金を目指す」みたいな派手な投資手法ではありません。

100万円で投資したら1年間で3万円〜4万円の配当金がせいぜいの、年利3％〜4％を安定して獲得していく非常に地味な投資手法です。

しかし、高配当株投資は「今」を豊かにできる投資方法です。給料収入や事業収入のように自分の労力や時間を使わず、株主として企業が稼いだ利益を享受できます。寝ていても、遊んでいても1年間に1〜2回の安定した配当収入が得られるのは大きなメリットだと思います。

読者の皆さんも、月に3万円〜4万円があれば何ができるかを考えてみてください。生活費の足し、趣味に使う、欲しいものが買えるなど、想像以上にできることはたくさんあると思います。

始めたばかりだと3万円の配当金は得られないかもしれません。しかし、配当金で高配当銘柄を買い増し、配当金が増え、さらに買い増しというサイクルを繰り返していくと、何十年後には配当金だけで生活できるようになるかもしれません。

一生懸命働かなくても、日々の生活を豊かにできる不労所得を得られるのが高配当株投資の魅力です。もし、高配当株投資に興味がでてきたのなら、今すぐに始めてみましょう！

高配当株投資とは

名だたる大企業が頑張って稼いだ利益を
株主として働かずに受け取る投資手法

株式を保有しているだけで配当金が入ってくる
↓
自分の労力や時間を使って稼ぐ必要はない
↓
寝てても、遊んでいても収入がある
↓
お金がお金を稼いでくれる真の不労所得

高配当投資のメリット・デメリット

メリット

1. 日々の生活が豊かになる

・配当金でできることが増える
・自分の労力や時間を使わずに一定の収入がある

2. 収益が安定している

・売買益を狙わないので、損失を被りにくい
・暴落をしても配当金が出れば問題ない
・増配銘柄を選べば、むしろ収益がUP

3. 相場に張り付かなくてもOK

・短期取引ではないので、チャートを見続ける必要がない
・一度購入したら基本的に売らないので、売却のタイミングを探さなくて良い

デメリット

1. 一夜でぼろ儲けはできない

・短期で大きく値上がりするような銘柄は狙わない
・年間の利回りは3%〜4%

2. 銘柄を選ぶ目利きを要する

・今は優良銘柄でも将来がどうなるかは分からない
・「高配当だから」とよく調べずに買ったら減配や無配になるリスクがある

3. 自分でポートフォリオを作成する必要がある

・リスクを減らすためにも数十社の銘柄を購入する必要がある
・約4000社の中から高配当銘柄を選別しなければならないので、知識と時間が必要

やっぱり一攫千金てわけにはいかないんだなあ
はぁ〜…

うま うま
仮想通貨はほとんど投機だし、
もぐ もぐ
FXで勝ち続けるのは結構ムリゲーだよ

ラッキーパンチは
あたるかもだけど…
ラッキーか…
ないな…

仮想通貨も最初は調子良かったんだけどなあ
まあまあ
一夜でボロ儲けは難しいけど
高配当投資は、知識をしっかりと身につければ、
誰でも手堅く収益を得られる投資法なんだよ！

相場に張り付かなくてもいいってこと？
そう！短期の取引じゃないし、売るのも稀だからね

大きなお金にはならなくても、
例えばこのオムライスにサラダやスープ、デザートがつけられるようになる
今の生活を豊かにできるんだ

今の生活を…
豊かに、か…

それいいね！やってみようかな
おお、
頑張って！ゆめみくん！

それはそれとして爆上がりした時の脳汁はバイヤーだよなぁ…
やめときな
経験してみたい…

コラム①投資での失敗談

現在は「高配当株投資＆インデックス投資」の堅実な投資を心がけている私ですが、これまでに数多くの投資の失敗を経験してきました。

私が投資を始めたのは2013年頃。当時は「パズドラ」「モンスト」など、スマホアプリへの課金が話題になっており、アプリ開発会社は短期間で数十億、数百億円の利益を上げており、急成長を遂げていました。投資雑誌では「短期間で億り人！」「株価10倍を狙うならこの株！」など、魅力的なワードで売り出されていました。

そんな時に投資に出会った私は「投資はギャンブル。短期間で数十倍の利益を目指すもの」という誤った考えのもと、「一攫千金」を夢見ていました。企業のことは何も調べず「今話題の注目株！」に手当たり次第に投資。「長期投資」なんて考えは頭になく、短期での売買を繰り返していました。

しかし結果は惨敗……。市場は「アベノミクス」で盛り上がっており相場全体が上がっているにも関わらずです。しかしそれにも懲りない私は、信用取引・FX・仮想通貨と言った「さらにギャンブル性の高い投資」に手を出します。

日本株だけなら平日の日中しか取引はできませんが、FX・仮想通貨は深夜・休日問わず相場が動き続けます。長時間労働が当たり前の会社で疲弊した私は、その環境から抜け出したい一心で、さらに相場にのめり込みます。

しかし結果はまたしても惨敗……。自分には投資の才能がないと気付くまでに10年近い時間を要しました。

第2章

バクでもわかる投資指標入門

「EPS」で「安定性」と「成長性」を見極める

1株あたりの利益の大きさが分かる

企業を分析する際に使われる指標の一つに「EPS」があります。「EPS」はEarnings Per Shareの略称で、日本語だと1株当たり純利益になります。企業が、1株に対してどれくらいの利益を生み出しているのかを見るための指標です。

「もし投資指標で最も重要な指標を1つだけ選べ」と言われたら、私は「EPS」を選びます。それくらいEPSは株式投資で重要な指標となります。

計算式はEPS＝当期純利益÷発行済株式総数となります。例えば、純利益が100億円、発行株式数が1億の企業の場合だと100億÷1億＝100になります。つまり、1株あたり100円の利益を稼いでいると判断できます。

EPSはその性質上、基本的に業績が好調だと上昇し、悪化すると下落します。先ほどの事例として出した企業の純利益が100億円から80億円に下がった場合、80億÷1億＝80となり、EPSは100から80に低下します。つまり、EPSの推移で企業の成長性はもちろん、安定性も測ることができるのです。

例えば、EPSが年々右肩上がりに上昇している企業は、利益が伸び続けているので優良企業と判断できますし、EPSの変動が少ない企業は安定性が高いと判断できます。

反対にEPSが右肩下がりだった場合は利益が落ち続けているので、投資先には向いていないと判断できます。また、ある年だけEPSが急激に

1株あたりの純利益を計算してみよう

EPS ＝ 当期純利益 ／ 発行済株式総数

当期純利益が2億円で、発行済株式数が50万株の企業

当期純利益	÷	発行済株式数	＝	EPS
2億円		50万株		400円

EPSは1株に対してどれくらい利益を出しているのかを示す指標です。発行済みの株式数が変わらずに利益が大きくなればEPSも上昇するので、EPSが右肩上がりになっている企業は成長していると判断できます。

伸びている、もしくは下がっているケースもあります。それは何らかの要因でその年だけ利益が大きく上がった、大きく下がったということで、継続性がない場合があります。基準はその他の年の平均値を参考にする方が良いでしょう。

ただし、発行する株式によってもEPSは上下します。例えば、自社株買いなどにより発行済株式数が減少すると、純利益が伸びていないのにEPSが上昇する場合もあるので、注意しましょう。

業績が伸びていることを測るためには、売上、営業利益、経常利益などさまざまな指標がありますが、私としては最悪「EPS」が伸びていれば問題ないと考えています。

EPSは、割安であるかを測る指標の「PER」や、配当金をどれだけ出せるのかを表す指標の「配当性向」を計算する際の基となる指標なので、覚えておきましょう。

「PER」「PBR」で割安かを判断

割安なのか割高なのかを判断したいとき

現在の株価が割安かどうかを測る指標に「PER」と「PBR」があります。

高配当株投資は割安時に買うほど、大きなメリットがあります。とは言うものの、今が割安なのかを測る物差しが無ければ判断するのは非常に難しいです。

そこで物差しとなるのが「PER」と「PBR」で、多くの投資家が活用しています。それぞれ説明していきます。

①PER

PERとはPrice Earnings Ratioの略で、日本語だと株価収益率と呼ばれます。1年間に稼ぐ1株あたり純利益（EPS）が何年分織り込まれているかを示す指数で、基本的にPERが低いほど株価は割安、高くなるほど割高と判断されます。計算式はPER＝株価÷1株あたり純利益（EPS）となります。

例えば、A社の現在の株価が1000円で、EPSが50だったとします。そうすると、1000÷50＝20となり、A社のPERは20倍ということです。PERが高い企業ほど投資家の期待値が高く、株価にも反映されています。

一般的には15倍程度が適正値だとされていますが、業種によって平均値は変わるので、注意が必要です。

株価が割安かを判断する定番の指標

$$\text{PER} = \frac{\text{株価}}{\text{1株あたり純利益(EPS)}}$$

$$\text{PBR} = \frac{\text{株価}}{\text{1株あたり純資産}}$$

PERもPBRも、株価が割安かどうかを測る指標です。PERは15倍を下回っていたら割安、PBRは1倍を下回っていたら割安と一般的には判断されます。ただし、企業や業種によって変わってくるので、絶対視すると危険です。判断する際のコツは、長期のPERとPBRがどのように推移していて、今の水準がどのくらいなのかで判断しましょう。

②ＰＢＲ

「ＰＢＲ」はPrice Book-value Ratioの略で、日本語だと株価純資産倍率と呼ばれます。その企業の時価総額が、企業の（帳簿上の）解散価値である純資産（株主資本）の何倍であるかを表す指標です。

ＰＢＲ＝１倍だと、株価と解散したときの価値が同じ水準となり、理論上だとＰＢＲが１倍以下＝企業を解散して残った資産を株主で山分けしたほうが株主の利益になると判断できます。

つまり、ＰＢＲが1倍を下回っている銘柄は割安、1倍を上回っているほど割高と判断できます。

計算式はＰＢＲ＝株価÷１株当たり純資産（ＢＰＳ）となります。

ちなみに、ＢＰＳ（一株あたり純資産）の計算式はＢＰＳ＝純資産÷発行済み株式数です。

例えば、株価が１０００円で、一株あたり純資産が５００円の企業の場合、１０００÷５００＝2となり、ＰＢＲは2倍となります。

ただし、ＰＢＲが1倍を下回っている企業が必ず割安というわけではありません。その企業の財務状況が悪い、もしくは業績が悪い場合はＰＢＲが1倍を下回っていても割安ではない可能性があります。

ＰＥＲ、ＰＢＲはともに企業ごと、業界ごとに数値も変わります。「ＰＥＲが10倍だから割安！」「ＰＢＲが1倍未満だから割安！」という絶対的な判断よりも、同業他社や業界の平均値、または他の指標と比較しながら相対的に判断する方が良いでしょう。

また、企業単体のＰＥＲ、ＰＢＲを見るときも単年ではなく、過去5年以上のレンジを見て、今のＰＥＲ、ＰＢＲが過去のレンジのどのあたりに位置しているのかで割安感を計ることが大切です。

株式投資は「割安の時に買って割高になったら売る」が基本です。

高配当株投資は「買ったら売らない」投資方法ですが、割安のときに買うことが重要です。「配当金が出ていれば株価は気にしない」と考えていても、割高の時に買ってしまい、含み損を抱えたまま生活することは非常にストレスとなるからです。ＰＥＲとＰＢＲを活用し、高配当で割安な銘柄を探しましょう。

「自己資本比率」で「安全性」を見極める

自己資本比率を確認して安定企業に投資

株式投資における銘柄選定でまず重要なのは「安全性」が高いかどうかです。ここでの安全性とは、投資先の企業が倒産せず、安定して事業を継続していける状況かどうかを判断することです。

例えば、就職活動では就職先の経営が安定していて倒産しそうにないか調べますよね。株式投資も同じで、自分の大切な資産を投資する企業が、倒産しそうにないかを調べるのは大切です。

いくら配当金が良い銘柄や、株価が10倍になる可能性が高い銘柄でも、会社が倒産してしまっては元も子もありません。

特に高配当株投資は長期的に安定した配当金を得ることが重要なため、倒産しづらく、財務が安定した企業を選ぶ必要があります。企業の安全性を測るには、

・借金まみれではないか
・過去の利益が継続的に積み上がっているか
・企業が継続的に存続していける体力があるか

を見る必要があります。

これらは企業のホームページのIR情報の中にある、「有価証券報告書」か「決算短信」を見ると分析できますが、一番分かりやすい具体的な指標は「自己資本比率」です。

「自己資本比率」とは企業の総資産に占める自己資本の割合を示した数値です。簡単に説明すると、自分が保有している資産のうち、返済する必要の

自己資本比率から企業の安全性を確認！

$$自己資本比率 = \frac{自己資本}{\text{総資産}\ (自己資本＋他人資本)} \times 100$$

自己資本が1億円で、総資本が1億5000万円の企業

自己資本		総資本		自己資本比率
1億円	÷	1億5000万円	＝	66.7％

自己資本比率は、返済する必要のない自己資本が総資産の何％を占めているかを表す数値です。数値が大きいほど負債が少なく、数値が小さいほど負債が多いと考えられます。企業の安定性を測れますが、数値が大きければ良いというわけではなく、数値が低い業界もあります。

ない資産が何％なのかを示す指標です。

つまり、「自己資本比率」を見ると「どれだけ借金がある会社か？」が分かります。

・自己資本比率が小さい＝返さないといけない借金が多い→不安定な会社経営、会社の独立性に不安

・自己資本比率が高い＝自己資金で経営できている→経営は安定し、倒産しにくい会社

と判断できます。

「自己資本比率」の計算式は自己資本比率＝自己資本÷総資産（負債＋純資産《自己資本》）×１００になります。

例えば、純資産（自己資本）が１２００万円、負債が１０００万円の場合、１２００÷（１０００＋１２００）×１００＝54・5になります。

自己資本比率が約55％ということは、借りているお金よりも自分が保有している資産の方が多い状態なので、会社が倒産する確率は非常に低いと考えられます。

安定性の目安は自己資本比率30％〜50％

自己資本比率はどのくらいあれば良いのかという目安ですが、一般的には30％〜50％あれば倒産のリスクは低く、50％を超える企業の安全性はかなり高いとされています。

ただし、設備投資のために借入金を行った場合、自己資本比率が一時的に低下する場合があります。その場合は、利益をしっかりと稼いでいれば返済していけるため、問題はありません

しかし、自己資本比率が高ければ良いというわけでもありません。例えば、無借金経営だと自己資本比率は100％近くになります。

無借金経営は金融機関などからの借金がないということなので一見は良さそうに見えますが、事業拡大や設備投資へ回せる資金が少なく、成長性が低い可能性もあるので注意が必要です。

自己資本比率の目安は業界によって異なるため、業界平均や同業他社の自己資本比率と比較すると、どのくらいの安全性がある企業かが分かります。

企業の自己資本比率を見たい場合は、「みんかぶ」の「自己資本比率ランキング」などの金融サイトを活用すると簡単に把握できます。自分で計算したい時は、企業の「貸借対照表」や決算短信の「要約四半期連結財務諸表」に自己資本や総資産が記載されています。

「ROA」と「ROE」で「収益性」を見極める

高配当を目指すなら利益効率に目を向ける

収益性とは、**企業がどれくらい利益を稼げる力があるのかを判断する指標**です。株式市場では、稼ぐ能力が高い企業ほど株価が上昇しやすいです。

高配当投資においても、収益性は重要なファクターとなります。そもそも配当金の源泉は、企業が稼いだ「利益」です。株主が提供した資金を利用して、企業は事業を大きくして利益を出します。そして資金を出してくれた投資家に、お礼として利益を分配するのが配当金です。

つまり、配当金を目的とする投資をするなら、利益を効率的に稼げている企業を選定する必要があるということです。

企業の収益性を測るには、以下の3つから判断します。

・利益率が高い会社か
・資産を効率的に活用できているか
・株主資本を効率的に活用できているか

とはいうものの、これらをどうやって判断して良いか分からないと思います。そこで、投資指標を使います。主に以下の指標で判断します。

・営業利益率
・ROE（自己資本利益率）
・ROA（総資産利益率）
・営業CFマージン

企業の収益を測るために見るべき指標

・利益率が高い会社か
・資産を効率的に活用できているか
・株主資本を効率的に活用できているか

を知るために…

・営業利益率　・ROA
・ROE　・営業CFマージン

を確認しよう！

高配当株投資を行うなら、配当金の源泉となる収益が成長している企業を選択した方が良いです。企業の収益性を判断するには、営業利益率、ROA、ROE、営業CFマージンの４つの指標を使って分析し、優良企業だと判断できたら購入するようにしましょう。

・営業利益率

営業利益率は、営業利益が売上高に対してどれくらいの割合であるのかを示した指数です。営業利益とは、売上高から原価や販売管理費などを差し引いた利益で、企業が本業で稼いだ利益を表しています。計算式は、営業利益率＝営業利益÷売上高になります。

一般的に営業利益率が10％以上なら優良企業とされています。中には営業利益率が50％を超える「超高収益」な企業も存在します。売上の半分が利益であり、配当金の原資となる利益を効率的に稼げていることが分かります。

・ROE（自己資本利益率）

ROEは自己資本利益率のことで、企業の株主資本に対する当期純利益の割合です。株主が投資した資本に対して、どれだけの利益を出したかを示す数値です。計算式は、ROE＝当期純利益÷自己資本×100になります。

ROEが高いほど効率良く稼いでいる、つまり収益性が高い企業と判断することができます。目安としては、一般的に10％を上回ると優良銘柄と判断されますが、業種によって平均値は異なるため、注意が必要です。

・ROA（総資産利益率）

ROAは総資産利益率のことで、会社が保有している総資産を利用して、どれくらいの利益を出しているかを示す指数です。計算式は、ROA＝当期純利益÷総資産×100になります。

ROAも数値が高くなればなるほど、収益力が高いと判断できます。一般的に5％以上だと優良銘柄とされています。ただし、こちらも業種によって平均値は異なるため、他の指標と併せた分析をした方が良いでしょう。

・営業CFマージン

営業CFマージンとは、売上高に対する現金収入の割合です。計算式は、営業CFマージン＝営業キャッシュフロー÷売上高×100です。

営業CFマージンがプラスになれば営業活動による現金支出よりも現金収入の方が多く、順調に収益を上げていると判断できます。

反対にマイナスになれば、営業活動による現金支出の方が現金収入よりも多く、支出分を他の資産や金融機関からの借り入れで補っている可能性があると判断できます。

一般的に営業CFマージンが10％以上になると、優良企業とされています。ただし、業種によって異なるため、同業他社と比較してみると良いでしょう。

「成長性」を判別する方法

安定した配当金を得るには成長を続けている企業の株式がベター

株式投資において、企業が継続して成長しているかは重要な要素です。企業が成長すると株価も上昇していきますし、配当金も安定して分配されます。企業が成長しているのかを判断したい場合は、

・売上高は成長しているか
・利益は成長しているか
・資産は増加しているか
・ＣＦは増加しているか

などを数値化して、見ておく必要があります。

・売上高は成長しているか

まず、企業の成長を測る基本となるのが売上高です。売上高は企業が商品やサービスを売って得た売上金額の合計です。

決算短信の「売上高」を見れば、その期間にどのくらいの収入があったのかが分かります。

商品やサービスが売れるほど企業の利益が上がるので、売上高が上昇している企業は収益も大きくなる＝会社が成長していると判断できます。

売上高は単年だけで上がっているのではなく、10年くらいのスパンで見て、右肩上がりになっている企業が良いでしょう。

・利益は成長しているか

売上高だけでなく、利益が成長しているかも確

企業の成長性を測るために見ておくべき項目

1.売上高は成長しているか

・売上高とは製品やサービスを提供して得た利益の総額
・売上高が伸びていると製品やサービスがたくさん売れているので、利益を大きくなっている
・企業のホームページのIRページの決算短信に記載されている

2.利益は成長しているか

・配当金の源泉である利益がしっかりと伸びているかも確認する
・「営業利益」や「経常利益」、「四半期利益」も決算短信で確認できる

3.資産は増加しているか

・保有資産が多いと一時的に業績が悪くなっても配当金を出せる余裕がある
・企業の資産状況も決算短信の「資産合計」の欄で確認可能

4.CF(キャッシュフロー)は増加しているか

・キャッシュフローとは企業の現金の収支を表す
・営業キャッシュフローが伸びていると本業による利益が伸びていると判断
・決算短信の「キャッシュフロー計算書」で確認可能

認しましょう。配当金は企業が出した利益から分配されます。仮に売上が伸びていたとしても、利益があまり伸びていなければ、配当を継続的に受け取ることが難しくなるかもしれません。

決算短信の「営業利益」や「経常利益」、「四半期利益」を確認し、順調に伸びていれば利益もきちんと出していると判断できます。

・資産は増加しているか

企業の資産が増えているかも重要です。資産をしっかりと貯めている企業は、一時的に業績が悪化しても配当金を問題なく分配できるからです。企業の資産状況は決算短信の「資産合計」の欄で確認できます。

・CFは増加しているか

CFとはキャッシュフローのことで、企業のお

金の流れを指しています。CFは決算短信の中にある「キャッシュフロー計算書」から判断できます。

CFには営業活動によるお金の流れを表した「営業CF」、投資活動によるお金の流れ「投資CF」、財務活動によるお金の流れ「財務CF」の三つがあります。

この中で重要なのは、本業の収入と支出の差額を表している「営業CF」です。「営業CF」が伸びているということは、本業による利益が伸びていると判断できます。

これら4つの要素から企業が成長しているのかを判断します。

CAGRで成長率がわかる

ちなみに、私自身はCAGR（年平均成長率）という考え方で見ています。CAGRとはCompound Annual Growth Rateの略で、ある期間における売上高や営業利益などの成長率を幾何平均した数値です。

計算式はCAGR＝（N年度の数値÷初年度の数値）＾｛1÷（N－1）｝－1になります。

例えば、10年間で売上が2倍になっている企業があるとします。初年度の数値は100とします。

その場合の計算式は（200÷100）＾｛1÷（10－1）｝－1＝7・18となります。つまり、売上が毎年約7％ずつ成長しているという意味になります。

高配当企業では、投資先がなくなった分の利益を株主に還元するケースもあります。しかし、配当金の源泉は企業が稼いだ利益です。長期で配当金を安定してもらうためには、やはり成長を続けている企業の方がリスクが少ないといえます。

「配当性向」で株主に還元しているか見極める

どのくらい株主に還元しているかを判断する

高配当投資を目指すうえで、「配当利回り」と同じくらい大切な指標が「配当性向」です。「配当性向」とは企業が当期純利益のうち、どれだけを株主に配当金として還元したかを表す指標です。

計算式は、配当性向（%）＝1株当たりの配当金÷1株当たり純利益（EPS）×100になります。

例えば、1株当たりの配当額が40円で、EPSが60円の銘柄の場合、40÷60×100＝66・7になり、配当性向は66・7%です。

つまり、1年間に稼いだ利益の内、約7割を株主に還元し、残りの3割は設備投資や企業内で現預金として貯めていると判断できます。なお、無配の会社の場合は配当性向はゼロになります。

配当性向が低すぎると「株主還元には消極的」と判断できます。ここで注意するべきは、配当性向が低い企業は「株主にあまり還元しないので良くない企業」というわけではない点。事業をさらに大きくするため設備などに投資すべく、株主に配当せずに貯めているのかもしれません。

「配当性向」は高ければ良いわけではない

一方で、配当性向が高ければ高いほど良いというわけでもありません。配当性向が高いということは、利益の多くを配当金に回しているということです。

例えば、配当性向が80%だと、稼いだ利益の8割を配当金として還元しており、企業投資や内部

企業が利益をどこまで配当に回しているか

$$配当性向 = \frac{1株当たりの年間配当金}{1株当たり純利益(EPS)} \times 100$$

EPSが200円で、1株の年間配当金が80円の企業

年間配当金		EPS		配当性向
80円	÷	200円	＝	40%

配当性向は、当期純利益に占める配当金の割合を表しています。上記の例だと、当期純利益のうち40%を株主への配当に回しています。配当性向が高いほど株主還元に積極的ですが、配当性向自体は配当金の金額には関係なく、高すぎると事業投資が疎かになっている可能性があります。

留保に回るのは残りの2割ということになります。

企業の財務に余裕があれば問題ないのですが、株式を買ってもらうために無理な配当をしているケースもあり、その場合は将来的に減配や無配となる可能性があると判断できます。

配当性向は低すぎてもダメ、高すぎてもダメと判断が難しい指標ですが、一つの目安としては30%〜50%の企業が理想的だと思います。

ただし、配当性向も絶対ではありません。例えば業績が悪くなれば、当然ですが減配や無配となるリスクはあります。

業績が悪化した時や経済危機が起きたときも配当金を出しているか、そして過去からの配当性向の推移と現在の配当性向を比較し、問題ないと思われる銘柄を買うと良いでしょう。

「配当利回り」は投資金額に対する配当金の割合

投資金額に対して、どのくらいの配当金があるかを表す配当利回りを確認しよう！

高配当投資のような配当金を狙う投資の際に、重要となる指標が「配当利回り」です。

「配当利回り」とは購入した株価に対して、年間でどれだけの配当を受け取れるかを示す数値です。高ければ高いほど配当金が多いと判断できます。計算式は、配当利回り＝1株あたりの年間配当金額÷1株購入価格×100になります。例えば、年間の1株あたりの配当金が50円の企業の株式を株価が1000円の時に購入したとします。そうすると、50÷1000×100＝5となり、配当利回りは5％です。

配当金の金額が同じで株価が上昇した場合は配当利回りは下がります。一方で、株価が下落した場合は配当利回りが上がります。

株価は日々変動するので、配当利回りも日々変動します。現在の配当利回りが将来も続くわけではないことに注意しましょう。

また、購入時の株価が同額の場合は、配当金額が大きくなると配当利回りは上がり、配当金額が少なくなると配当利回りは下がります。

「配当利回り」の目安は4％

配当利回りの目安は、一般的に4％を超えると高配当銘柄と言われています。ただし、配当利回りはあくまで目安の一つであり、過信は禁物です。

なお、配当利回りを計算するために使う年間配当金額は会社予想の数値であり、次の配当で必ず

1株からどれくらい配当がもらえるか分かる

$$配当利回り = \frac{1株あたりの年間配当金}{現在の株価} \times 100$$

現在の株価が1000円で、1株の年間配当金が80円の企業

年間配当金		現在株価		配当利回り
80円	÷	1000円	＝	8%

配当利回りは投資に使った金額に対して、どのくらいの配当金をもらえるのかを表しています。配当利回りが高いほど配当金が多いので、優良銘柄をいくつか選別する際に同業他社を比較し、配当利回りが良い企業を選択するという使い方ができます。また、配当利回りは、株価の上昇で下がり、下降で上がる点も押さえておきましょう。

分配されるわけではありません。

配当金は会社の業績に応じて支払われるので、リーマンショックやコロナショックのような経済危機が起こって企業の業績が悪くなれば、現時点は配当利回りが良い企業でも減配や無配になる可能性があります。

また、財務状況や企業業績に似合わないほど配当利回りが高い銘柄にも注意が必要です。

そのような銘柄は投資家に株式を購入してもらうために、身の丈に合わないほど高い配当金を出している可能性があり、購入してすぐに株価が下がってしまったり、業績が悪化して減配のリスクもあります。

配当利回りが高いから買うのではなく、ＥＰＳやＰＥＲなどの他の指標や企業の決算や財務指標などと併せて複合的に判断することで、失敗する可能性をできる限り減らせます。

どんなときに株式相場は動くの？

日本の株式市場は、米国の株式市場の動きに連動しやすいので注意！

株式市場は日々動いており、企業の株価も毎日上昇や下落しています。株式市場が動く主な要因は、需要と供給のバランスです。買い手（需要）が多ければ上昇しやすくなり、売り手（供給）が多くなれば下落しやすくなります。

需要と供給のバランスが崩れる原因は金融政策、景気動向、企業の業績、為替レート、地政学リスクなどさまざまです。

日本の株価動向で気をつけておきたい点は、米国の株式市場に影響を受けやすいことです。例えば、NYダウが上昇したら、日経平均株価も上昇しやすくなり、反対にNYダウが下落すると、日経平均株価も下落しやすくなる傾向があります。そのため、日本の株式市場だけでなく、米国の株式市場の動きにも注目しておきましょう。

米株市場が動くのは、主に以下の要因があります。

- FRBによる金利政策
- ジャクソンホール会議などの経済政策の発表
- 為替の変動
- GAFAMといった大企業の決算
- 雇用統計
- 経済指標の発表

これらの結果によって、米国の株価が上昇しやすくなったり、下落しやすくなります。

米国株と日本株の動きは連動しやすい

出典:Tradingview

日経平均株価とダウ平均株価を比較したチャート。ローソク足（赤と緑）が日経平均株価で、オレンジ色の棒グラフがダウ平均株価です。これを見ると、日経平均株価とダウ平均株価が連動して動いている時期が多いことが分かります。米国の株式市場が動くと、日本の株式市場も動くので、株式投資を行うなら米国の経済状態や市場状態も注目しておきましょう。

・ＦＲＢによる金利政策

ＦＲＢは連邦準備理事会と呼ばれており、米国の金融政策の策定を行う機関です。日本だと日本銀行にあたります。

ＦＲＢはさまざまな金融政策を行いますが、その一つに金利の設定があります。景気や物価変動をコントロールするために利上げをしたり、利下げをしたりします。

ＦＲＢが利下げをすれば米国の株式市場は上昇しやすくなり、利上げをすれば米国の株価は下がりやすくなります。その米国の株式市場に連動して、日本の株式市場も動きやすくなります。

米国の金融政策は日本はもちろん、世界中の国に大きな影響を与えるので、注目しておきましょう。

・ジャクソンホール会議などの経済政策の発表

米国の経済政策によっても株価が動きます。

例えば、毎年8月に世界各国の中央銀行総裁や政治家を呼んで行う経済政策シンポジウム「ジャクソンホール会議」があります。

この「ジャクソンホール会議」の開催後に、FRB議長や日銀総裁が将来の金融政策についての重要なメッセージを発信した場合、株価が動く可能性があります。

日本と米国がどのような経済政策をするのかは常に注視しておきましょう。

・為替の変動

米ドル／円（米ドルと円の交換レート）の動向も日本の株価に影響を与えます。特に、輸出企業や輸入企業は大きく影響を受けます。輸出企業は円安になれば売上が増えるため、株価は上がりやすくなり、円高になれば売上は減るため、株価は下がりやすくなります。

反対に、輸入企業は円高になれば輸入コストが減るので業績が良化する可能性が高いため株価は上がりやすくなり、円安になれば輸入コストが上がるので業績が悪化する可能性が高いため株価は下がりやすくなります。

株価だけでなく、為替の動向も確認しておきましょう。

・GAFAMといった大企業の決算

GAFAMは、グーグル(アルファベット)、アップル、フェイスブック(現メタ)、アマゾン・ドット・コム、マイクロソフトの頭文字をつないだ言葉です。

GAFAMは米国の経済をけん引している世界的企業であるため、決算発表の結果によっては米

米国の株価の動きに合わせて、日本の株価も動く可能性が高い

米国の株価が上昇する → 日本の株価も上昇しやすくなる

米国の株価が下落する → 日本の株価も下落しやすくなる

米国の株式市場が動く主な要因

- FRBによる金利政策
- ジャクソンホール会議などの経済政策の発表
- GAFAMといった大企業の決算
- 雇用統計
- 為替の変動

国の株価が動く可能性が高まります。

ＧＡＦＡＭの決算が悪ければ、米国の株価が下がりやすくなります。特にハイテク株は大きく下落する可能性があるので、注意しましょう。

・雇用統計

米国の雇用統計は、ＦＲＢが金融政策を行う際の参考にする指標の一つで、米国内の労働市場の現状や変化を表します。

さまざまな項目がありますが、特に非農業部門雇用者数と失業率が注目されています。

雇用統計は事前に予想値が発表されます。事前の予想と実際の数値の差が大きいほど、株式市場は大きく動く可能性があります

原則として、毎月第１金曜日に発表されます。証券会社によってはリアルタイムで「米雇用統計ライブ」を行っており、著名アナリストやトレー

ダーが解説しているので、参考になります。

・経済指標の発表

経済状況を表している統計データである経済指標の発表時も株価が大きく動く可能性があります。

例えば、ＣＰＩ（消費者物価指数）という経済指標は、現在と過去の商品やサービスの価格を比較して、どれくらい変動しているのかを表す経済指標です。要するに、ＣＰＩを見たら物価が上がっているのか下がっているのかが分かります。

ＣＰＩが上昇していたら物価が上がっており、下落していたら物価が下落していると判断できます。つまり、ＣＰＩが上昇し続けていたらインフレ、下落し続けていたらデフレと分析できます。

ＣＰＩのように経済指標からは経済状況を分析できるため、経済指標の結果によっては株価が上昇や下落します。

経済指標は証券会社の経済指標カレンダーで発表日が分かるので、確認しておきましょう。

日本株よりも米国株がいいって本当？

米国株の方が配当が良いが、言語や税制面、為替リスクが介在する

最近では米国株に投資する人も増えてきており、「米国株ってどうなの？」と気になっている人もいるでしょう。

実際に、過去30年のＮＹダウの推移を見てみると、短期的に下落している期間もありますが、右肩上がりを続けています。

また、米国企業は株主への還元意識が強く、ファイザーやＡＴ＆Ｔのように配当回数が年４回の企業も多くあります。

これらを考慮すると、日本株よりも米国株の方がメリットは大きく見えるでしょう。しかし、私は日本の高配当株の方が好きです。その理由として、次の3点が挙げられます。

①日本語で情報収集できる
②米国株の場合、米国現地税がかかる
③為替リスク

一つずつ説明していきます。

①日本語で情報収集できる

米国株の場合、証券会社や日本語のニュースサイトからある程度の情報は手に入りますが、企業のＨＰなどで詳細な情報を集めるには英語が必要不可欠です。

情報量の面を考慮すると、ほとんどの情報が日本語で手に入る日本株の方が投資しやすいです。

②米国株の場合、米国現地税がかかる

株式投資には税金が課せられます。配当金を受け取る場合は「配当課税」、売買の利益には「譲渡益課税」があり、それぞれ約20％の税金がかかります。

米国株の場合、売買益については基本的に日本の税だけが課されますが、米国株における配当金への課税は米国と日本の両方で課税されます。

まず米国で10％が源泉徴収され、残りの金額に対して日本の税金20・315％が源泉徴収されます。例えば、米国企業からの配当金が１００ドルだったとします。まずは米国で配当金の１００ドルに対して、10％の源泉徴収が行われ、90ドルになります。

１００ドル×10％＝10ドル
１００ドルー10ドル＝90ドル

次に、90ドルに対して、日本の税金として、約20％の源泉徴収がされます。

90ドル×20％＝18ドル
90ドルー18ドル＝72ドル

つまり、米国株で配当を得ると二重課税となり、約30％の税金が課せられます。税金面を考えると、米国株よりも日本株の方がお得なのです。

③為替リスク

米国株を取引する場合、米ドルで売買をします。そのため、米ドル／円の動きによっては損をするケースがあります。

例えば、１ドル１００円のときに米国株を買ったとして、保有している間に1ドル80円の円高になれば、20円分の損が出てしまいます。

日本株と米国株の税金

	日本株	米国株
売却益に対する税金 （譲渡益課税）	20.315%	20.315%
配当金に対する税金 （配当課税）	20.315%	米国10% + 日本国内20.315%

日本株を取引して利益を出した場合と、米国株の取引で利益を出した場合に支払う税金の比較です。売買による利益では日本株も米国株も20.315%の税金ですが、配当金の利益に対しては、米国株だと日本と米国の両国で課税されるため、30.315%の税金が発生します。税金面を考えると、日本株の方がメリットがあります。

配当も同じで、米国株の配当はドルで受け取ります。つまり、円高になればなるほど利益が少なくなります。

これらの理由から、初心者の人が高配当投資を始めるのなら、米国株よりも日本株の方がやりやすいと思います。

買っちゃいけないタイミング・売っちゃいけないタイミング

投資指標などを用いて割安時に購入する

高配当株を運用するうえで最も重要なのが、「割安のタイミングで購入する」ことです。なぜなら、高配当銘柄には一般的に成熟している企業が多いので、「株価が上がりづらい」特徴があります。

配当金は、企業が出した利益の一部を株主に還元するために分配されますが、ベンチャーのような成長著しい企業では、利益を事業や設備などの再投資に回すため、配当金を分配しない方針の企業が多いです。

一方で、事業や設備などに再投資してもあまり成長が見込めなくなったため、その再投資分の利益を株主に還元しようという考えの企業が、「高配当銘柄」になっているケースもあります。

そのような理由から、業績自体は安定しているけど、将来的に大きく成長する可能性は低いため、売買利益を狙う投資家はあまり興味を持たないので株価は上がりにくい傾向にある「高配当銘柄」も見られます。

高配当投資をする人の中には、配当金が減らなければ株価の動きは気にしない人もいます。たしかに配当金が減配、もしくは無配にならない限りは利益を獲得できます。

しかし、株価が下落しても保有を続けた場合、含み損を抱えてしまいます。特に、割高のタイミングで買ってしまうと、リーマンショックやコロナショックのように株価が大きく下落するイベントで、含み損もそのぶん大きくなってしまいます。

いくら株価が下がっても気にしないといって

購入する時は投資指標を分析する

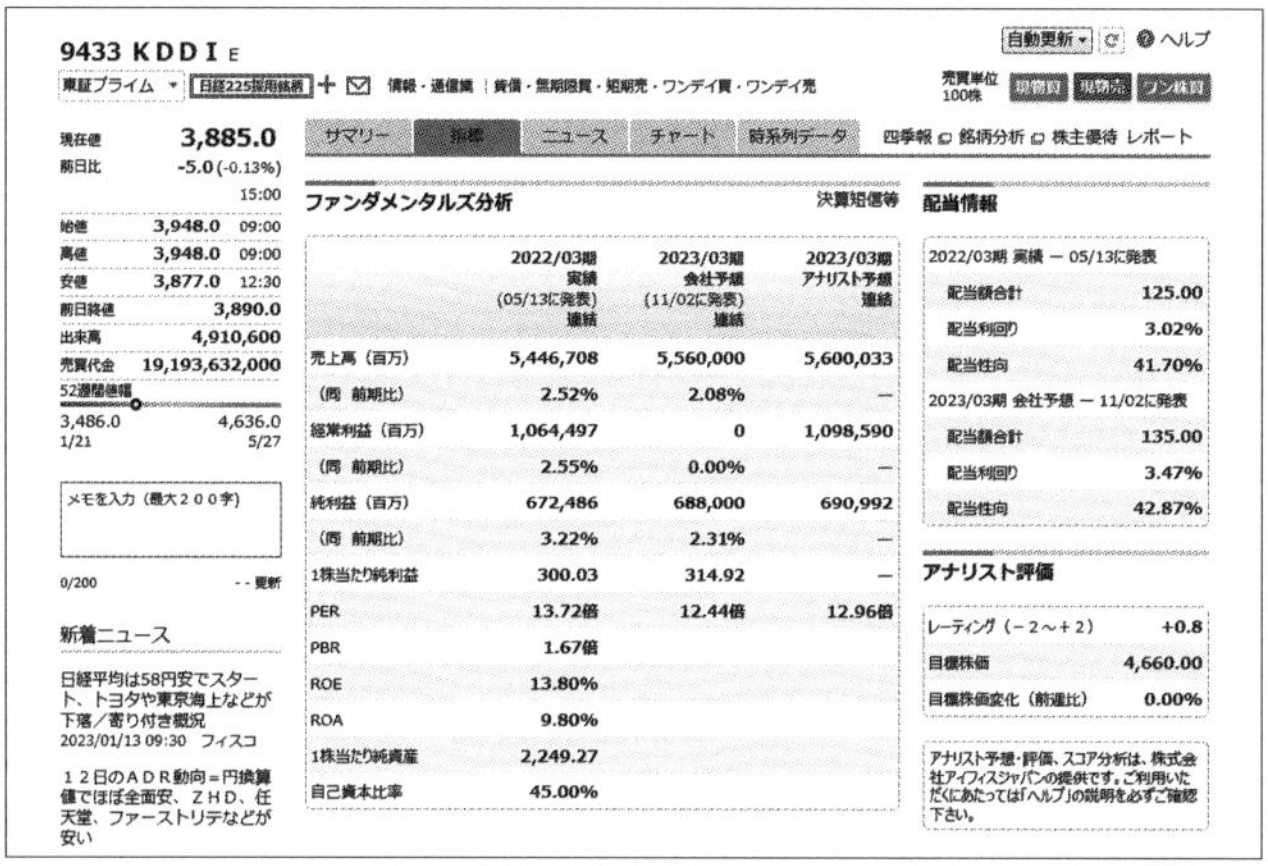

9433 ＫＤＤＩ E

東証プライム ▾ 日経225採用銘柄 ＋ 情報・通信業 ｜貸借・無期限買・短期売・ワンデイ買・ワンデイ売

自動更新 ▾ ヘルプ

売買単位 100株 現物買 現物売 ワン株買

サマリー　指標　ニュース　チャート　時系列データ　四季報　銘柄分析　株主優待　レポート

現在値	3,885.0	
前日比	-5.0 (-0.13%)	15:00
始値	3,948.0	09:00
高値	3,948.0	09:00
安値	3,877.0	12:30
前日終値	3,890.0	
出来高	4,910,600	
売買代金	19,193,632,000	
52週間値幅	3,486.0 1/21	4,636.0 5/27

メモを入力（最大２００字）

0/200　- - 更新

新着ニュース

日経平均は58円安でスタート、トヨタや東京海上などが下落／寄り付き概況
2023/01/13 09:30　フィスコ

１２日のＡＤＲ動向＝円換算値でほぼ全面安、ＺＨＤ、任天堂、ファーストリテなどが安い

ファンダメンタルズ分析　決算短信等

	2022/03期 実績 (05/13に発表) 連結	2023/03期 会社予想 (11/02に発表) 連結	2023/03期 アナリスト予想 連結
売上高（百万）	5,446,708	5,560,000	5,600,033
（同　前期比）	2.52%	2.08%	—
経常利益（百万）	1,064,497	0	1,098,590
（同　前期比）	2.55%	0.00%	—
純利益（百万）	672,486	688,000	690,992
（同　前期比）	3.22%	2.31%	—
1株当たり純利益	300.03	314.92	—
PER	13.72倍	12.44倍	12.96倍
PBR	1.67倍		
ROE	13.80%		
ROA	9.80%		
1株当たり純資産	2,249.27		
自己資本比率	45.00%		

配当情報

2022/03期 実績 — 05/13に発表	
配当額合計	125.00
配当利回り	3.02%
配当性向	41.70%
2023/03期 会社予想 — 11/02に発表	
配当額合計	135.00
配当利回り	3.47%
配当性向	42.87%

アナリスト評価

レーティング（－２～＋２）	+0.8
目標株価	4,660.00
目標株価変化（前週比）	0.00%

アナリスト予想・評価、スコア分析は、株式会社アイフィスジャパンの提供です。ご利用いただくにあたっては「ヘルプ」の説明を必ずご確認下さい。

出典:マネックス証券

購入する時はPERやPBR、EPSなどの投資指標を複合的に分析し、割安だと判断できたら購入しましょう。投資指標は単年だけでなく、長期での推移を分析した方が確度が上がります。

も、含み損を抱えたまま何年も保有し続けると精神的に疲弊してしまいます。

心に余裕を持って安心して日常生活を送るためにも、できるだけ割安になったタイミングでの購入が重要となります。

そのためには、購入する前に株価水準の目安となるＰＥＲやＰＢＲなどの投資指標を使って、割安かどうかを見極めることが重要です。過去5年くらいのＰＥＲやＰＢＲの推移を見ながら、過去よりも割安になったタイミングを狙いましょう。

購入後は売却せず長期的に配当金を受け取る

次に売ってはいけないタイミングについてですが、配当金は株式を保有していないと分配されないので、高配当株投資の基本方針は「原則売らない」です。

一度購入したら10年～20年というスパンで保有

を続けます。そのため、「前回の高値に近づいて上値が押さえられそうだからいったん売却しよう」「移動平均線がデッドクロスしたから売ろう」みたいなチャート分析をして、売るタイミングを探す必要はありません。

「売らない」と聞くと、「株価が大暴落した時も売らなくて平気なのか」と疑問に思う人もいるでしょう。

たしかに、リーマンショックやコロナショックのような大暴落が起きた場合は損切りをして仕切り直すのが一般的です。しかし、高配当株投資ではあくまでも配当金が第一目標です。大暴落が起きても配当金が問題なく分配されるなら、株式を保有していれば利益を得られます。

また、暴落した株価も政府や中央銀行が対策を講じるので、長期的に見れば元の水準まで戻ることが多いです。過去に起きた暴落を見ても、ほぼ必ず戻しています（バブル景気は別ですが……）。

暴落時に保有し続けていると、含み損が大きくなるので精神的に大きな負担となりますが、「株価はどうせ戻るし、配当金は問題なく出るからいいや」と我慢し、焦って売却しないようにしましょう。

ただし、以下のような場合は売却を検討しましょう。

- 減配・無配転落
- 大きな不祥事を起こした時
- 購入時のシナリオが崩れた時

これらの要素は「配当金をもらう」という高配当投資の前提を覆してしまいます。一つずつ説明していきます。

売却を検討するべきタイミング

1.減配・無配に転落した

・減配や無配に転落してしまうと、当然収入が減少したり無くなる
・さらに、減配や無配になると株価も下落する可能性が高い
・減配や無配になったら大人しく売却し、配当金を出す違う銘柄に投資

2.不正会計・大きなコンプライアンス違反など不祥事を起こした

・経営上、財務上に関わる不祥事を起こした場合は売却を検討
・コンプライアンス違反を起こすような企業は「利益を出せるなら嘘をついてもいい」という体質
・再びコンプライアンス違反を起こす可能性が高いので、損切りをした方がリスクが減る

3.購入時のシナリオが崩れた時

・中期経営計画が未達になったり、M&Aを失敗して損失が出てしまった場合は売却を検討
・企業の想定と大きく異なった結果になってしまうと赤字転落の可能性あり
・シナリオ崩壊後、業績が悪化して減配や無配になったらいったん損切りして仕切り直しも

・減配・無配転落

配当金の額が減る「減配」、または配当を行わない「無配」になった場合は、収入が減る、もしくは無くなります。

配当金を目当てに株式を買ったのに、肝心の配当金が想定よりも少なくなったり、獲得できなくなっては株式を保有する意味がありません。

また、高配当銘柄を購入する投資家の多くは配当金を目的にしています。そのため、「減配」や「無配」になった銘柄は売却されるため、株価も下落しやすくなります。

収入が減るばかりか、保有株式の価値も減るというダブルパンチを食らってしまいます。１回くらいの減配は仕方ないものの、２年、３年と連続して減配し、業績の回復見込みがないようであればおとなしく売却して撤退しましょう。

・大きな不祥事を起こした時

株式を保有している企業が不祥事を起こした場合も売却を検討しましょう。

ここでの不祥事とは、粉飾決算や不正契約などの重大なコンプライアンス違反です。

粉飾決算でよくあるのが、悪かった業績をごまかすために行うケースです。つまり、今は配当金が出ていても、将来的に減配や無配になるリスクが高いと考えられます。

また、コンプライアンス違反の内容によっては賠償金を支払わなければならない可能性があり、業績が悪化するリスクが出てきます。

そもそもコンプライアンス違反を行うような企業は企業体質が良くない場合が多く、再び違反行為を行う可能性があります。

不要なリスクを減らすためにも、不祥事を起こした企業の株式は売却した方が良いでしょう。

・購入時のシナリオが崩れた時

株式を購入する際には、ある程度のシナリオを決めているものですが、自分のシナリオが崩れた場合は売却を検討しましょう。

例えば、株式を購入した企業が海外企業をM&Aしたけど、失敗したとしましょう。そうなると赤字となり、業績が悪くなる可能性があります。つまり､減配や無配になるリスクが出てくるので、売却を考えた方が無難です。

どんなに優良銘柄でも、これら3つのマイナス要素が出ないとは限りません。株式を購入したら後は放っておくというのではなく、四半期ごとに決算状況は確認し、保有銘柄の状況は確認しておきましょう。

本当はむずかしくない投資指標

投資指標は使っているうちに理解している

株式投資では投資用語を中心に、金融や経済に関する専門用語を目にする機会が非常に多いです。

例えば、インデックス投資、グロース株、バリュー株、アクティブ運用、パッシブ運用など、株式投資を始めたばかりなら、「何のことだろう？」と戸惑うことも多いと思います。

単語の意味を調べてみたらなるほどと分かるものもあれば、調べても何のことだかよくわからない用語もあるでしょう。

特に苦手意識があるのが投資指標だと思います。割安株を探したい時に使うPERやPBR、企業の収益性を知りたい時に使うROEやEPS、企業がどのくらい稼いでいるのかを知りたい時に使う営業利益率みたいな○○率などは、投資初心者が初めて聞くと頭が痛くなるかもしれません。

これらの用語は数学的要素があるので、ある程度の取引経験があっても「便利だけど、計算が難しいのが……」と思っている人もいると思います。

しかし、難しい投資用語も意味を覚えて、使い方を知ってしまえば難しくありません。

投資指標も最初から計算式など全てを理解しようとする必要はなく、「この指標はこういう意味があるんだな」と大まかに分かっていれば大丈夫です。

あとは、実際に銘柄分析や売買に使っていくうちに、だんだんと理解できてきます。

たしかに、最初は難しくて悩むこともありますが、何度も使ううちに「あーあれのことね」とか、「ROEが5%で…」と聞けば「もっと頑張ってほしいな」とか、「営業利益率20%の会社で……」と聞けば「今すぐ投資させて！」と瞬間的に反応できるようになります。

特に、投資指標は銘柄を見つけるためには非常に便利です。しっかりと意味を理解し、使い方がわかるようになれば、初心者でも企業分析ができるようになり、優良企業をバンバン見つけられるようになります。

初心者が覚えておきたい投資用語

日経平均株価（日経225）	日本経済新聞社が発表している日本を代表する株価指数。上場企業の中でも流動性の高い225銘柄を選定して算出しており、これを見れば日本の株式市場の動向が分かる。
TOPIX	東京証券取引所に上場している銘柄を指数化した株価指数。日本の代表的な株価指数で、日本の株式市場の動きを把握できる。
NYダウ	ダウ・ジョーンズ工業株価平均のことで、米国の代表的な株価指数。ニューヨーク証券取引所やナスダック市場に上場している主要30銘柄を選定して算出する株価指数。
四半期決算	企業が3か月ごとに行う収支報告。上場企業には四半期決算が義務付けられている。業績の内容によっては株価が大きく動く可能性があるので注意。
本決算	1事業年度の決算のことで、要するに1年間における収支を報告する。1年間の業績が発表されるため、本決算の前後は株価が動きやすくなる。
連結決算	国内や海外の子会社および関連会社を含めたグループ全体の決算。企業グループ全体でどのくらいの利益を出しているのかを把握できる。
インカムゲイン	株式や債券などを保有していると得られる利益。配当金が代表例。
キャピタルゲイン	株式や債券などの資産を買ったときよりも価格が高くなったときに売却することで得られる利益。
配当金	企業が資本金を投資してもらった株主に稼いだ利益の一部を還元するために支払われる分配金のこと。全ての上場企業が行っているわけではない。
株主優待	株主に、配当金以外の自社商品やサービスなどの優待品を贈る制度。食品やサービス券などがもらえるが、全ての上場企業が行っているわけではない。
ETF	上場投資信託のこと。日経平均株価などの特定の指標と連動するように運用される投資商品。投資信託の一種だが、上場しており、証券会社で購入が可能。
投資信託	複数の投資家から集めた資金を一つにまとめ、ファンドマネージャーと呼ばれる専門家が運用する金融商品。専門家に任すので、初心者でも始めやすい。
株価指数	株式市場全体の動向を把握するために、取引所全体や特定の銘柄の株価を一定の計算式で総合的に数値化した株式指標のこと。

2章 まとめ

割安時に高配当の優良銘柄を購入し、配当金をもらい続けるのが高配当株投資の本質

2章では高配当投資における取引方法を解説しました。高配当株投資をするうえで重要なポイントは「割安で購入する」ことです。高配当銘柄は事業投資や設備投資の資金を株主に還元している場合が多く、急激な業績が期待できないことから一般的に株価が上がりにくい特徴を持っています。

そのため、割高になっているところで投資してしまうと、その後に株価が下がってしまう恐れがあります。

高配当株投資は原則として「売らない」投資方法です。仮に株価が暴落しても配当金が減配、もしくは無配にならない限りは利益を獲得できるメリットがあるので、株価が下がっても気にしないで損切りはせずに保有を続けます。

株価が下がっても保有し続けると、含み損を抱えてしまいます。しかし過去の株価の動きを考えると、長期的には暴落した株価は回復する可能性が高いので、保有し続けても問題はありません。ただ、含み損を抱えたまま長期保有をするのは、非常にストレスがかかります。投資した金額が大きいほど「これ以上株価が下がったら損が広がる」「株価が回復しなかったらどうしょう」と不安感を抱えたまま日常生活を送ることになります。

株価が下がっても含み損をできるだけ減らせるように割安時に購入するのが大切なのです。

そして、業績が悪くなってもしっかりと配当金

株式市場が動く要因とは?

米国の株式市場が動くと
日本の株式市場もつられて動きやすい

- FRBによる金利政策
- 為替の変動
- 雇用統計
- 経済政策の発表
- 経済指標の発表
- GAFAMなどの大企業の決算

によって
米国の株式市場が
動きやすくなる!

高配当株投資の売買タイミング

購入 → 割安時を狙う!

売却 → 基本的に売らずに保有!

- 減配・無配転落
- 大きな不祥事を起こした
- 購入時のシナリオが崩れた

→ 売却を検討しよう

企業分析で見るべきポイント

・安全性は高いか
長く配当をもらえそうか

・成長性はあるか
売上や資産が上昇をしているか

・収益性がどうか
利益を多く稼いでいるか

・EPSの数値
1株あたりでどれくらいの利益を出しているか

・配当利回りはどのくらいか
どのくらいの配当金をもらえるか

・配当性向はどうか
株主への還元姿勢はどうなのか

・「PER」「PBR」
株価が割安なのか割高なのか

を出してくれる企業を探しましょう。株式を保有していても配当金が減配や無配になったら意味がありません。そのため、投資指標を活用して企業の安全性、成長性、収益性を総合的に分析し、きちんと配当金を出してくれる優良銘柄を見つけましょう。

最初は難しいかもしれませんが、優良銘柄を探し出すことは株式投資の醍醐味であり、自分が探し当てた銘柄がしっかりと配当金を支払ってくれた時のうれしさは測りしれません。高配当の優良銘柄を見つけ、夢の配当生活を目指しましょう。

第3章

1分で銘柄を見抜く秘伝の法則12箇条

① 売上高が上がっている企業

売上高が安定して伸びている企業を見つける

高配当投資におけるポートフォリオに組み込む銘柄を選定するにあたって、まず注目するべきは売上高が上昇している企業かどうかです。

売上高は商品やサービスを売って稼いだ売り上げの総額で、売上高が高い企業は商品やサービスがよく売れていると判断できます。反対に、売上高が低い企業は商品やサービスがあまり売れていないと考えられます。

何度も説明していますが、配当金は企業が稼いだ利益が源泉です。そして、企業が利益を得るには商品やサービスを売らなければいけません。

つまり、売上高が伸びている企業＝商品やサービスが売れている＝利益を稼いでいる＝配当金をたくさん出してくれるという図式が成り立つので、高配当株投資では売上高が伸びている企業に投資することが大前提となります。

長期間にわたって安定して配当金を受け取るためにも、売上高が伸びている企業を探しましょう。

売上高を見るコツとしては、売上高の上下動が激しい企業ではなく、毎年数％ずつでも安定的に伸びている企業がお勧めです。

その理由は、ある年は大きく上昇しているけど、次の年は大きく下がっているような売上高に波がある企業は、配当金の波も大きい可能性があるからです。

業績が良いときは前年よりも50円増配みたいに配当金を大きく増やす一方で、業績が悪いときは大きな減配や無配になるリスクがあります。

IRバンクを使えば業績推移が分かりやすい

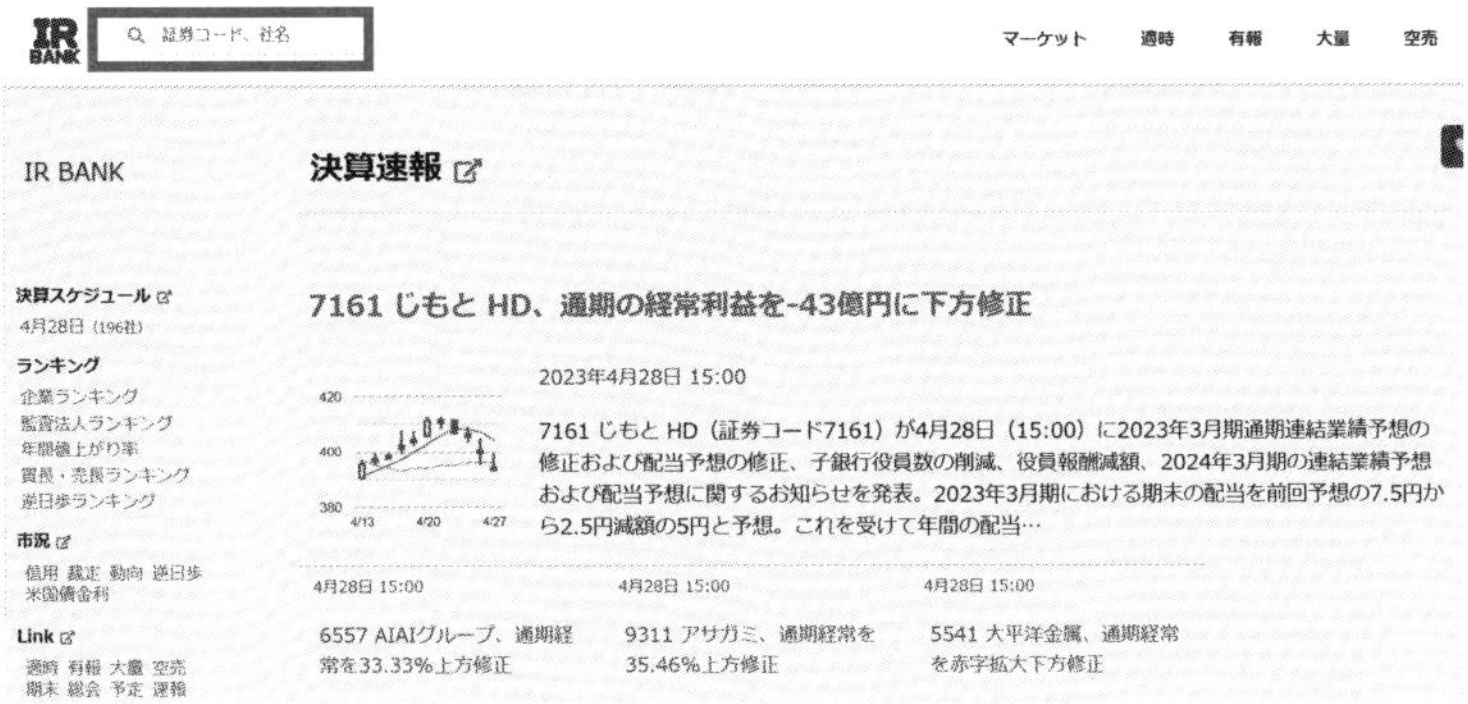

IR BANK　証券コード、社名　マーケット　適時　有報　大量　空売

IR BANK

決算速報

決算スケジュール
4月28日（196社）
ランキング
企業ランキング
監査法人ランキング
年間値上がり率
買残・売残ランキング
逆日歩ランキング
市況
信用 貸借 動向 逆日歩
米国債金利
Link
適時 有報 大量 空売
期末 総会 予定 運報

7161 じもと HD、通期の経常利益を-43億円に下方修正

2023年4月28日 15:00

7161 じもと HD（証券コード7161）が4月28日（15:00）に2023年3月期通期連結業績予想の修正および配当予想の修正、子銀行役員数の削減、役員報酬減額、2024年3月期の連結業績予想および配当予想に関するお知らせを発表。2023年3月期における期末の配当を前回予想の7.5円から2.5円減額の5円と予想。これを受けて年間の配当…

4月28日 15:00
6557 AIAIグループ、通期経常を33.33%上方修正

4月28日 15:00
9311 アサガミ、通期経常を35.46%上方修正

4月28日 15:00
5541 大平洋金属、通期経常を赤字拡大下方修正

出典:https://irbank.net/

「IRバンク」というサイトでは、決算発表のスケジュールや企業ランキングのような株式市場全体のデータ、個別企業の決算データを閲覧可能で、決算や投資指標が良さそうな企業を探したい場合に役に立ちます。個別に企業を検索したい場合は、赤カコミの検索窓から探せます。

そのような業績や配当金の波が激しい企業に投資をしてしまうと、安定的に配当金を獲得していく高配当投資の方針とは真逆になってしまうので、私は売上高が年によって上下に激しく動いている企業はできるだけ買わないようにしています。

反対に、急激には伸びていないけど、毎年少しずつでも売上高が伸びている企業は利益自体が成長していますし、いきなり業績が悪くなって減配や無配になるリスクも低いと判断できるので、安定的に配当金を受け取るためには重視したい要素です。

ただ、売上高が右肩上がりの会社を買うのが良いとはいうものの、そのような理想的な企業はなかなか見つからないというのが本音です。なので、前年や前前年よりも売上高が大きく減っていないとか、10年や20年という長期スパンで見た時

に少し落ちている年はあるけれども、全体的には右肩上がりになっているとか、営業利益率が高いといったところも考慮して選ぶのが良いと思います。

売上高の調べ方ですが、企業のＩＲページの決算短信などで確認できます。ただし、日本の上場企業は約４０００社あるので、１社ずつ調べていったら非常に時間と手間がかかります。

私がお勧めするのは「ＩＲバンク」というサイトです。ＩＲバンクは株式市場や企業の情報をまとめているサイトで、企業の決算をチェックできます。過去10年以上におけるデータを見られるので、非常に役に立ちます。

実際にＩＲバンクでＫＤＤＩの売上高を見てみましょう。２００８年３月期から２０２２年３月期まで右肩上がりで営業収益が上昇しています。コロナショック時も営業収益を伸ばしており、それに伴って純利益も増えています。このような銘柄が理想です。

また、シャープの売上高も見てみます。さすがに日本を代表する家電メーカーだけあって、２００８年３月期は３・42兆円の売上を出していました。しかし、そこからだんだんと下降曲線となり、２０２２年３月期に売上高は２・５兆円と、２００８年３月期と比較すると約１兆円減少しています。

シャープのように売上高が下落している銘柄は利益も少なくなります。実際に、純利益を見ると、マイナスになっている期もあります。

シャープの事例はやや特殊ですが、売上高が減少すると、その分利益が少なくなり、それに伴って配当金も減配や無配になる可能性が高くなります。そのため、売上高が減少を続けている銘柄は投資しない方が良いでしょう。

売上高が安定して上昇しているかを確認する

会社業績

9433 KDDI

9433　2023/01/13
時価　8兆9460億円
PER予　12.38倍
2010年以降　6.81-18.04倍（2010-2022年）
PBR　1.67倍
2010年以降　0.83-2.54倍（2010-2022年）
配当予　3.47%
ROE予　13.52%
ROA予　6.03%
資料　有報 大量 適時
Link　IR 決算 業績 四半期 価値 CSV,JSON Y! 株探 みん株

年度	営業収益	営利	純利	包括利益(IFRS)	EPS	ROE	ROA	営利率	原価率	販管費率
2008/03	0.85兆	0.4兆	2178億		-	13.1	7.56	47.31	-	-
2009/03	0.78兆	0.44兆	2227億	-	-	12.16	6.5	57.05	-	-
2010/03	3.44兆	0.44兆	2128億	-	79.07	10.69	5.57	12.89	-	-
2011/03	3.43兆	0.47兆	2551億	2508億	94.81	12.22	6.75	13.74	-	-
2012/03	3.57兆	0.48兆	2386億	2495億	88.67	11.69	5.96	13.37	-	-
2013/03	3.66兆	0.51兆	2415億	2636億	89.74	10.88	5.91	14	-	-
2014/03	4.33兆	0.66兆	3220億	3884億	132.87	11.57	6.02	15.3	-	-
2015/03	4.27兆	0.74兆	3958億	4216億	158.01	12.92	7.03	17.36	-	-
2016/03	4.47兆	0.83兆	4949億	4580億	197.73	14.96	8.42	18.64	-	-
2017/03	4.75兆	0.91兆	5467億	5276億	221.65	16.38	8.73	19.23	-	-
2018/03	5.04兆	0.96兆	5725億	5883億	235.54	15.17	8.71	19.1	55.97	25.21
2019/03	5.08兆	1.01兆	6177億	6041億	259.1	14.76	8.43	19.95	56.44	23.83
2020/03	5.24兆	1.03兆	6398億	6124億	275.69	14.59	6.68	19.58	55.85	24.81
2021/03	5.31兆	1.04兆	6515億	7367億	284.16	13.69	6.18	19.53	55.12	25.68
2022/03	5.45兆	1.06兆	6725億	7067億	300.03	13.5	6.07	19.47	54.8	26.12
2023/03予	[illegible]	1.1兆	6880億	-	[illegible]	13.52	6.03	19.78	-	-
年度	営業収益	営利	純利	包括利益(IFRS)	EPS	ROE	ROA	営利率	原価率	販管費率

出典:https://irbank.net/

IRバンクでは過去10年の決済情報を閲覧できるので、毎年少しずつでも売上高が伸びているか確認しましょう。例えば、KDDIだと営業収益欄になりますが、毎年少しずつ伸びているので、利益も安定して稼げていると判断できます。

売上高が安定していない企業は見送った方が良い

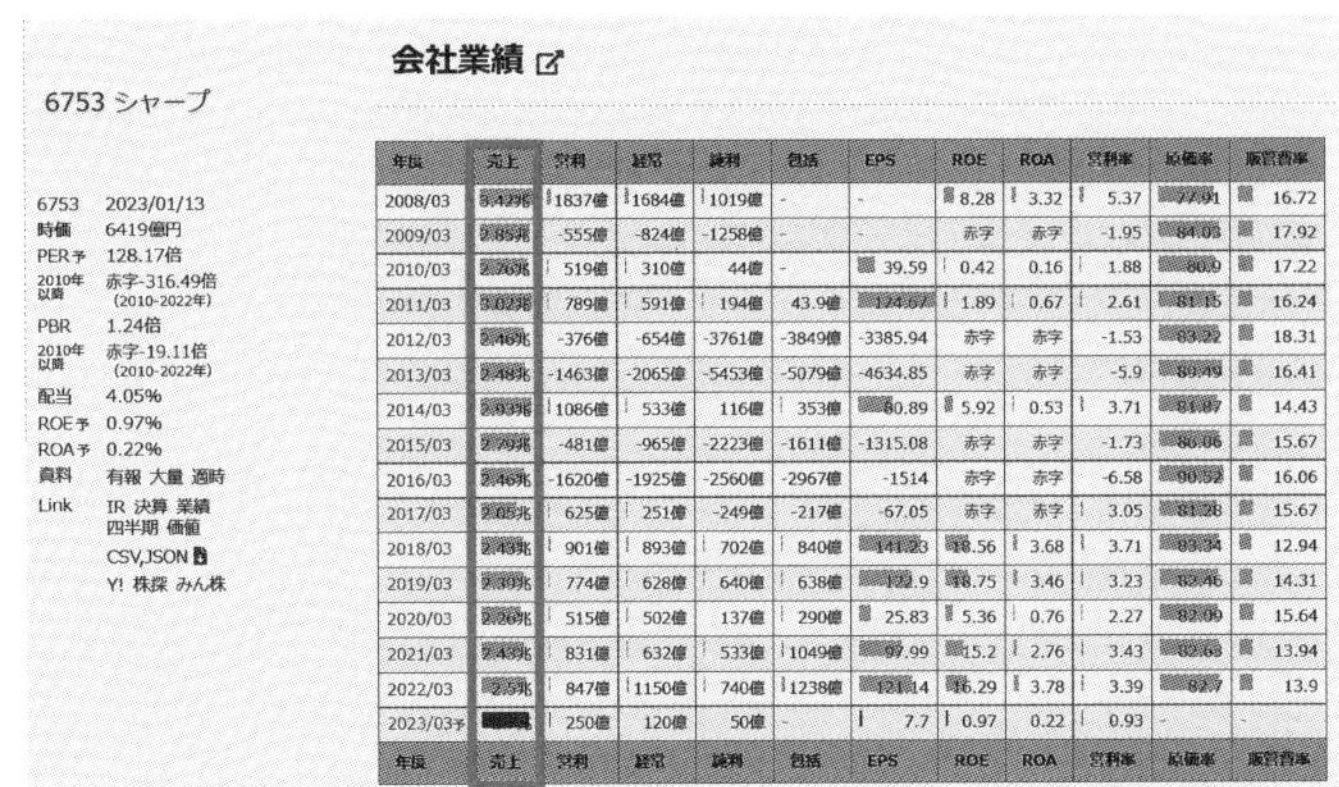

会社業績

6753 シャープ

6753　2023/01/13
時価　6419億円
PER予　128.17倍
2010年以降　赤字-316.49倍（2010-2022年）
PBR　1.24倍
2010年以降　赤字-19.11倍（2010-2022年）
配当　4.05%
ROE予　0.97%
ROA予　0.22%
資料　有報 大量 適時
Link　IR 決算 業績 四半期 価値 CSV,JSON Y! 株探 みん株

年度	売上	営利	経常	純利	包括	EPS	ROE	ROA	営利率	原価率	販管費率
2008/03	3.42兆	1837億	1684億	1019億	-	-	8.28	3.32	5.37	77.91	16.72
2009/03	2.85兆	-555億	-824億	-1258億	-	-	赤字	赤字	-1.95	84.03	17.92
2010/03	2.76兆	519億	310億	44億	-	39.59	0.42	0.16	1.88	80.9	17.22
2011/03	3.02兆	789億	591億	194億	43.9億	174.67	1.89	0.67	2.61	81.15	16.24
2012/03	2.46兆	-376億	-654億	-3761億	-3849億	-3385.94	赤字	赤字	-1.53	83.22	18.31
2013/03	2.48兆	-1463億	-2065億	-5453億	-5079億	-4634.85	赤字	赤字	-5.9	89.49	16.41
2014/03	2.93兆	1086億	533億	116億	353億	80.89	5.92	0.53	3.71	81.87	14.43
2015/03	2.79兆	-481億	-965億	-2223億	-1611億	-1315.08	赤字	赤字	-1.73	86.06	15.67
2016/03	2.46兆	-1620億	-1925億	-2560億	-2967億	-1514	赤字	赤字	-6.58	90.52	16.06
2017/03	2.05兆	625億	251億	-249億	-217億	-67.05	赤字	赤字	3.05	81.28	15.67
2018/03	2.43兆	901億	893億	702億	840億	141.23	18.56	3.68	3.71	83.34	12.94
2019/03	2.39兆	774億	628億	640億	638億	122.9	18.75	3.46	3.23	82.46	14.31
2020/03	2.26兆	515億	502億	137億	290億	25.83	5.36	0.76	2.27	82.09	15.64
2021/03	2.43兆	831億	632億	533億	1049億	97.99	15.2	2.76	3.43	82.63	13.94
2022/03	2.5兆	847億	1150億	740億	1238億	121.14	16.29	3.78	3.39	82.7	13.9
2023/03予	[illegible]	250億	120億	50億	-	7.7	0.97	0.22	0.93	-	-
年度	売上	営利	経常	純利	包括	EPS	ROE	ROA	営利率	原価率	販管費率

出典:https://irbank.net/

過去10年を見たときに売上の上下が激しい企業はお勧めしません。例えば、シャープは前年よりも売上高が減っている年があります。このような企業は業績が悪くなった年は減配・無配になるリスクがあります。

② EPSが上がっている企業

利益が伸びていることを表すEPSは重要

売上高が安定して上昇しているかを確認したら、次はEPSが安定して伸びているかを確認しましょう。EPSは「1株あたり純利益」で、文字通り、1株に対してどれくらいの利益を稼いでいるのかを示す指標です。つまり、利益を稼いでいれば稼いでいるほど、EPSの数値も上昇するので、EPSを見れば企業が成長しているかを分析できます。

例えば、当期純利益が100億円で、発行済株式数が5000万枚の企業のEPSは100億円÷5000万＝200で、EPSは200円になります。そして、翌年に純利益が150億円に増えた場合、150億円÷5000万＝300で、EPSは300円に上昇しています。つまり、EPSが上昇している企業は、配当金の源である利益が増えていると判断できます。

企業の業績を測るには売上高、営業利益、経常利益が伸びていることも大切ですが、私的にはEPSが最も重要だと考えており、EPSが伸びていれば問題ありません。ただし、EPSが1年、2年だけ急激に伸びている企業はおすすめできません。その理由は売上高と同じで、ある年はEPSがすごく高いけど、他の年のEPSはあまり高くないみたいな企業があるからです。

例えば、コロナウイルスの感染拡大でマスク需要が高まり、マスクが急激に売れて業績が上がったみたいな、一時的に利益が大きく出ている企業はその期だけEPSが大きくなります。

EPSが高い銘柄は有名企業が多い

順位	銘柄	1株当たり純利益
1	川崎汽船	6888
2	郵船	5974
3	任天堂	4047
4	セレコーポレーション	3307
5	エスケー化研	3276
6	SMC	2924
7	テクノクオーツ	2845
8	東京エレクトロン	2808
9	ファーストリテイリング	2675
10	那須電機鉄工	2243

※マネックス証券のスクリーニングツールを基に作成
※2023年1月11日時点の数値

証券会社のスクリーニングツールでもEPSを軸にした検索ができます。ただし1年だけの数値ではなく、長期間に渡って成長しているかどうかをチェックしましょう。

しかし、10年間などの長期スパンで見ると、EPSが低い年の方が多かったとか、最悪の場合はEPSがマイナスになっている年の方が多いみたいな企業もあります。

EPSが低い企業は利益を出す力が低いため、今は配当金を出していても、将来的に減配や無配になるリスクの方が高いです。マイナスの年が多いような企業はそもそも配当金を出せないと思います。減配や無配になるリスクを減らすためにも、単年だけでなく10年以上のスパンでEPSの推移を見て、投資しても良いか判断しましょう。EPSの理想も、激しい上下動がなく、安定して右肩上がりで伸びていることです。

IRバンクを使えば、過去10年のEPSを調べられます。例えば、私も投資しているKDDIのEPSを見てみましょう。2010年3月期のEPSは79円ですが、そこから右肩上がりで上昇していき、２０２２年３月期のＥＰＳは３００円と10年間で約4倍になっています。

特筆すべきは、コロナショックがあった２０２０年３月期～２０２１年３月期にかけてもＥＰＳが伸びていることです。つまり、コロナショックの中においても利益を伸ばし続けたと考えられます。このような企業は、今後〇〇ショックのような経済危機が来ても急激に業績が落ち込む可能性は低いと予想できます。

２０２３年３月期予想でもＥＰＳは順調に増えており、非常に安定して利益を稼いでいる優良企業だと分かります。このようにＥＰＳが右肩上がりの企業がおすすめです。

一方で、シャープのＥＰＳを見てみましょう。ＩＲバンクで見ると、２０１２年３月期～２０１３年はＥＰＳがマイナスになっています。さらに２０１５年３月期～２０１７年３月期のＥＰＳはマイナスになっています。ＥＰＳがマイナスなのであたり前ですが、純利益もマイナスになっており、赤字状態です。２０１８年３月期からは純利益が黒字になり、それに伴ってＥＰＳも改善しています。ただし、２０２０年３月期の25円や２０２３年３月期の予想は7・7円と浮き沈みが激しい状態となっています。

このようにＥＰＳの上下が激しい企業は、ある年は利益を大きく稼げるけど、ある年は利益が出ないので業績が安定していないということが分かります。配当金は利益によるので、ＥＰＳの上下が激しい企業は減配、もしくは無配になるリスクが高まります。

もちろん、業績が良い時は大きな配当を貰えるメリットもありますが、継続して配当金を手に入れたいならＥＰＳが乱高下する銘柄はおすすめできません。

長期でEPSが上昇していればOK!

9433 KDDI

会社業績

9433	2023/01/13
時価	8兆9460億円
PER予	12.38倍
2010年以降	6.81-18.04倍（2010-2022年）
PBR	1.67倍
2010年以降	0.83-2.54倍（2010-2022年）
配当予	3.47%
ROE予	13.52%
ROA予	6.03%
資料	有報 大量 適時
Link	IR 決算 業績 四半期 価値 CSV,JSON Y! 株探 みん株

年度	営業収益	営利	純利	包括利益(IFRS)	EPS	ROE	ROA	営利率	原価率	販管費率
2008/03	0.85兆	0.4兆	2178億	-	-	13.1	7.56	47.31	-	-
2009/03	0.78兆	0.44兆	2227億	-	-	12.16	6.5	57.05	-	-
2010/03	3.44兆	0.44兆	2128億	-	79.07	10.69	5.57	12.89	-	-
2011/03	3.43兆	0.47兆	2551億	2508億	94.81	12.22	6.75	13.74	-	-
2012/03	3.57兆	0.48兆	2386億	2495億	88.67	11.69	5.96	13.37	-	-
2013/03	3.66兆	0.51兆	2415億	2636億	89.74	10.88	5.91	14	-	-
2014/03	4.33兆	0.66兆	3220億	3884億	132.87	11.57	6.02	15.3	-	-
2015/03	4.27兆	0.74兆	3958億	4216億	158.01	12.92	7.03	17.36	-	-
2016/03	4.47兆	0.83兆	4949億	4580億	197.73	14.96	8.42	18.64	-	-
2017/03	4.75兆	0.91兆	5467億	5276億	221.65	15.38	8.73	19.23	-	-
2018/03	5.04兆	0.96兆	5725億	5883億	235.54	15.17	8.71	19.1	55.97	25.21
2019/03	5.08兆	1.01兆	6177億	6041億	259.1	14.76	8.43	19.95	56.44	23.83
2020/03	5.24兆	1.03兆	6398億	6124億	275.69	14.59	6.68	19.58	55.85	24.81
2021/03	5.31兆	1.04兆	6515億	7367億	284.16	13.69	6.18	19.53	55.12	25.68
2022/03	5.45兆	1.06兆	6725億	7067億	300.03	13.5	6.07	19.47	54.8	26.12
2023/03予	[illegible]	1.1兆	6880億	-	[illegible]	13.52	6.03	19.78	-	-
年度	営業収益	営利	純利	包括利益(IFRS)	EPS	ROE	ROA	営利率	原価率	販管費率

https://irbank.net/

IRバンクではEPSの推移も確認できます。KDDIは2010年からずっと上昇を続けているので、年々利益を大きくしている優良企業と判断できます。このように年々上昇している銘柄が理想的です。

マイナスになっている銘柄はお勧めしない

6753 シャープ

会社業績

6753	2023/01/13
時価	6419億円
PER予	128.17倍
2010年以降	赤字-316.49倍（2010-2022年）
PBR	1.24倍
2010年以降	赤字-19.11倍（2010-2022年）
配当	4.05%
ROE予	0.97%
ROA予	0.22%
資料	有報 大量 適時
Link	IR 決算 業績 四半期 価値 CSV,JSON Y! 株探 みん株

年度	売上	営利	経常	純利	包括	EPS	ROE	ROA	営利率	原価率	販管費率
2008/03	3.42兆	1837億	1684億	1019億	-	-	8.28	3.32	5.37	77.91	16.72
2009/03	2.85兆	-555億	-824億	-1258億	-	-	赤字	赤字	-1.95	84.03	17.92
2010/03	2.76兆	519億	310億	44億	-	39.59	0.42	0.16	1.88	80.9	17.22
2011/03	3.02兆	789億	591億	194億	43.9億	174.67	1.89	0.67	2.61	81.15	16.24
2012/03	2.46兆	-376億	-654億	-3761億	-3849億	-3385.94	赤字	赤字	-1.53	83.22	18.31
2013/03	2.48兆	-1463億	-2065億	-5453億	-5079億	-4634.85	赤字	赤字	-5.9	89.49	16.41
2014/03	2.93兆	1086億	533億	116億	353億	80.89	5.92	0.53	3.71	81.87	14.43
2015/03	2.79兆	-481億	-965億	-2223億	-1611億	-1315.08	赤字	赤字	-1.73	86.06	15.67
2016/03	2.46兆	-1620億	-1925億	-2560億	-2967億	-1514	赤字	赤字	-6.58	90.52	16.06
2017/03	2.05兆	625億	251億	-249億	-217億	-67.05	赤字	赤字	3.05	81.28	15.67
2018/03	2.43兆	901億	893億	702億	840億	141.23	18.56	3.68	3.71	83.34	12.94
2019/03	2.39兆	774億	628億	640億	638億	122.9	18.75	3.46	3.23	82.46	14.31
2020/03	2.26兆	515億	502億	137億	290億	25.83	5.36	0.76	2.27	82.09	15.64
2021/03	2.43兆	831億	632億	533億	1049億	97.99	15.2	2.76	3.43	82.63	13.94
2022/03	2.5兆	847億	1150億	740億	1238億	121.14	16.29	3.78	3.39	82.7	13.9
2023/03予	[illegible]	250億	120億	50億	-	7.7	0.97	0.22	0.93	-	-
年度	売上	営利	経常	純利	包括	EPS	ROE	ROA	営利率	原価率	販管費率

https://irbank.net/

EPSがマイナスになっていたり、上下が激しい銘柄はリスクがあるのでお勧めしません。例えば、シャープのEPSはマイナスになっている年や大きく伸びている年があり、業績が不安定なので、年によっては増配したり、減配になるなど安定しない恐れがあります。

③ 営業利益率が高い・改善している企業

営業利益率が高い企業は利益を稼いでいる

営業利益率は、企業の収益性を判断するために重要な指標です。営業利益率とは、売上高から売上原価や販売費、一般管理費を差し引いた営業利益の売上高に対する割合のことです。要するに、売り上げの総額から製造費や人件費などのコストを差し引いた場合の利益が、どれくらい残るかを示した指標です。

営業利益率を見ると、本業でどれくらい効率的に利益を出せたかが分かります。必要なコストが少なければ営業利益率は高くなりますし、コストが多ければ営業利益率は低くなります。

例えば、売上高が1億円、営業利益が2000万円のA社の営業利益率は2000万÷1億×100＝20％で、営業利益率は20％です。

一方で、売上高が1億円、営業利益が1000万円のB社の場合だと、1000万÷1億×100＝10％で、営業利益率は10％です。A社の方が営業利益率が高いので、B社よりも効率良くお金を稼いでいると判断できます。このように、企業単体での数字はどれくらいか、または同業他社や業界平均と比較して、どれくらい効率的に利益を稼いでいる企業か分かります。

営業利益率の目安ですが、一般的には8％あれば合格点で、投資先として問題ないとされています。ただし、私的にはより優良な企業を選別するために、10％以上の営業利益率がベストだと思います。

業種によって営業利益率は大きく異なる

ただし、業種によって営業利益率の平均値は異なります。販売価格は安いけど大量に売って利益を稼ぐ薄利多売を基本とするビジネススタイルの業種だと、1回の取引で稼ぐ利益が少ないため、営業利益率は低くなります。

反対に、販売個数は少数だけど1回の取引で大きな利益を生み出す厚利少売のビジネススタイルが基本の業種だと、1回の取引で稼ぐ利益が多くなるので営業利益率は高くなります。

例えば、商社のような卸売業は薄利多売のため、営業利益率は低くなります。反対に、不動産業は一回の取引で大きな金額が動くので、営業利益率は高くなります。

実際に、商社の代表的な存在である三菱商事の営業利益率を見てみましょう。まずは三菱商事の収益ですが、2022年3月期は17・3兆円、2021年3月期は12・9兆円と10兆円以上を稼いでいます。

一方で、営業利益率を見てみると、2022年3月期は4・16%、2021年3月期は1・62%と一般的な目安とされる8%よりも大幅に低くなっており、それ以前の年度を見ても、2%～6%台で推移しています。

つまり、営業利益率の一般的な目安で考えると、三菱商事は投資先として不安であると言えます。

ただし、高配当投資で三菱商事に投資するのが本当に適さないかというと、そういうわけではありません。IRバンクで三井物産と伊藤忠商事の営業利益率を見ると、三井物産の営業利益率は2022年3月期が4・64%、2021年3月期が2・56となっています。そして、伊藤忠商事は2022年3月期が4・74%、2021年3月期が3・89％です。2021年3月期はコロナショックの影響で低下していますが、他の大手総合商社も4％で推移しており、商社は4％台でも問題ないと言えるでしょう。

それに、三菱商事は営業利益率や収益、EPSなどは年度ごとにしっかり伸びていますし、配当金も増配を続けているので、どちらかというと、優良銘柄に分類されます。後に出てくる「墓場まで持って行きたい銘柄10選」に入っている1社でもありますし、私のYouTubeチャンネルでも紹介しています。

たしかに、三菱商事はビジネススタイルから、景気動向に業績が左右される面はありますが、業績と財務状況、配当推移を総合的に考えると、高配当投資のポートフォリオに組み込みたい銘柄の一つです。

このように、営業利益率の一般的な目安を絶対視するのではなく、業界ごとの平均と比較して見ると良いでしょう。また、営業利益率だけではなく、他の指標と併せて判断する方が良い銘柄を見つけやすくなります。

なお、私が営業利益率のような財務指標を見るときによく参考にしているのは、「ザイマニ」というサイトです。ザイマニは財務分析に焦点を当てていて、さまざまな財務指標や投資指標のデータを見ることができるので、データを見たいときは活用してください。

売上高営業利益率の業界別平均

	2017	2018	2019	2020	2021	企業数
全業種	5.8	5.9	5.6	5.1	5.2	3,648
水産・農林業	3.2	2.9	2.7	2.2	2.8	11
卸売業	2.5	2.8	2.5	2.4	2.3	327
食料品	4.2	3.9	3.8	3.8	4.1	128
建設業	5.9	5.6	5.9	5.7	5.9	165
非鉄金属	5.2	6.2	4.1	2.9	4.2	35
鉱業	4.7	6.0	6.5	5.6	5.3	6
機械	7.3	8.2	8.2	7.2	6.7	231
サービス業	6.6	6.9	6.5	5.4	5.5	513
金属製品	5.9	5.5	5.2	4.7	4.9	94
情報・通信業	7.5	7.9	7.9	8.2	8.6	528
医薬品	10.0	10.4	10.1	8.6	6.3	70
不動産業	11.1	10.2	9.8	7.9	8.0	137
陸運業	11.7	11.3	10.6	9.6	3.5	67
小売業	3.3	3.2	2.9	2.1	1.9	334
化学	8.0	8.4	7.5	6.8	7.5	211
繊維製品	4.1	4.6	4.6	4.0	2.5	52
電気機器	6.2	6.6	5.9	5.2	6.3	246
ガラス・土石製品	6.3	6.9	6.3	5.3	6.0	59
輸送用機器	5.4	5.1	4.6	2.9	1.8	88
石油・石炭製品	8.2	7.9	4.8	0.5	3.7	11
パルプ・紙	3.9	3.2	3.8	4.2	4.2	26
その他製品	4.7	4.8	4.2	4.2	5.4	113
精密機器	8.0	9.0	7.0	6.1	7.7	50
ゴム製品	11.5	11.0	7.3	6.0	5.9	19
鉄鋼	4.2	4.7	4.3	3.9	2.5	43
倉庫・運輸関連	8.2	8.9	7.2	8.0	5.4	41
海運業	7.9	6.9	5.6	4.5	5.2	13
空運業	8.2	8.3	8.0	6.9	7.2	5
電気・ガス業	5.6	5.3	4.3	5.0	4.3	25

※出典:ザイマニの営業平均値データ

業界によって営業利益率は異なる

会社業績

8058 三菱商事

8058 2023/01/13
時価 6兆3992億円
PER予 6.14倍
2010年以降 赤字-28.22倍（2010-2022年）
PBR 0.8倍
2010年以降 0.49-1.47倍（2010-2022年）
配当予 3.57%
ROE予 13.04%
ROA予 4.44%
資料 有報 大量 適時
Link IR 決算 業績 四半期 価値 CSV,JSON Y! 株探 みん株

年度	収益	営利	純利	包括利益(IFRS)	EPS	ROE	ROA	営利率	原価率	販管費率
2008/03	10.8兆	127億	0.24兆	-	-	20.52	3.7	0.12	98.19	1.69
2009/03	10.9兆	-101億	0.12兆	-	-	10.12	1.86	-0.09	98.3	1.79
2010/03	4.54兆	*1871億	0.28兆	0.63兆	162.54	9.43	2.55	4.12	77.61	18.27
2011/03	5.21兆	*3253億	0.46兆	0.38兆	273.7	14.37	4.12	6.25	77.92	15.84
2012/03	5.57兆	*2776億	0.45兆	0.38兆	273.57	11.99	3.44	4.99	79.74	15.28
2013/03	6.01兆	*1690億	0.32兆	0.84兆	195.62	7.16	2.15	2.81	82.45	14.74
2014/03	7.64兆	*2331億	0.36兆	0.64兆	219.3	7.13	2.27	3.05	84.47	12.48
2015/03	7.67兆	*2111億	0.4兆	0.69兆	246.39	7.19	2.39	2.75	84.22	13.02
2016/03	6.93兆	*829億	-0.15兆	-0.79兆	-93.68	赤字	赤字	1.2	84.13	14.67
2017/03	6.43兆	*3960億	0.44兆	0.45兆	277.79	8.95	2.79	6.16	79.32	14.51
2018/03	7.57兆	*4994億	0.56兆	0.56兆	353.27	10.51	3.49	6.6	75.07	18.33
2019/03	16.1兆	*5845億	0.59兆	0.57兆	372.39	10.37	3.57	3.63	87.66	8.71
2020/03	14.8兆	*3579億	0.54兆	0.03兆	348.5	10.24	2.97	2.42	87.89	9.68
2021/03	12.9兆	*2074億	0.17兆	0.6兆	116.86	3.07	0.93	1.61	87.54	10.85
2022/03	17.3兆	*7187億	0.94兆	1.47兆	635.06	13.63	4.28	4.16	87.54	8.29
2023/03予	-	-	1.03兆	-	[illegible]	13.04	4.44	-	-	-
年度	収益	営利	純利	包括利益(IFRS)	EPS	ROE	ROA	営利率	原価率	販管費率

卸売業に分類される三菱商事の営業利益率は一般的に合格点とされている8%よりも低くなっています。ただし、業績自体は上昇しており、配当金も増配している優良企業です。業界によって営業利益率の平均が異なるので注意しましょう。

④ ＲＯＥが高い・改善している企業

ＲＯＥは自己資本比率も併せて確認する

企業の収益性を示すＲＯＥも確認しましょう。ＲＯＥとは自己資本利益率で、株主が出資したお金を元手に企業がどれだけの利益を上げたのかを数値化したものです。つまり、「企業がどれぐらい効率良くお金を稼いでいるか」を示す財務指標です。

ＲＯＥが高いほど利益を稼いでいるので、その企業の収益性や成長性も有望と判断できます。

例えば、Ａという企業は自己資本が10億円で、当期純利益が1億円だったとします。その場合のＲＯＥは1億÷10億×１００＝10で、ＲＯＥは10％になります。

一方で、Ａという企業は自己資本が10億円で当期純利益が2億円だったとします。

その場合のＲＯＥは2億÷10億×１００＝20で、ＲＯＥは20％になります。

このように、同じ自己資本なら利益を稼いだ方がＲＯＥは高くなります。つまり、ＲＯＥが高いほど資本をうまく使って効率良く稼いでいる会社で、反対にＲＯＥが低いほど経営効率の悪い会社だと見ることができます。

ＲＯＥは8％を目標数値としている企業は多いですが、より優良な銘柄を選別するためにも、ＲＯＥが10％の企業を見つけたいところです。ただし、ＲＯＥも業界によって異なります。

注意するべきはＲＯＥが高いからと言って、

必ずしも優良銘柄というわけではありません。

自己資本をあえて小さくして、他人資本（借入）で利益を稼ぐ企業はＲＯＥが高く見えます。一例を挙げるとソフトバンクです。

実際に、ソフトバンクのＲＯＥと自己資本比率を見てみましょう。まずは自己資本比率ですが、直近の２０２２年３月期は13・２％と、自己資本比率の一般的な目安である30％よりも大きく下回っています。また、ここ５年の数値を見ても、10％台で推移しており、借入で事業を運営していると考えられます。

一方で、ＲＯＥを見てみます。２０２２年３月期は30・89％と、非常に高い数値を出しています。過去５年間を見ても30％台で推移しており、２０２０年３月期には47・29％と驚異的な数値となっています。

ソフトバンクと、通信の三大キャリアを形成しているＫＤＤＩの数値を比較してみると、ＫＤＤＩの２０２２年３月期の自己資本比率は45％と目安である30％を上回っており、安定した経営を行っています。一方のＲＯＥは13・５％と、ソフトバンクの30・89％の半分以下の数値となっています。

このことから、借入を積極的に行って利益を上げる企業はＲＯＥが大きくなっていることが分かります。

もちろん、借入が全て悪いわけではなく、利益を出せれば問題はありません。現にソフトバンクは２０２２年３月期の営業収益は５・63兆円、営業利益率は17・32％と好調で、２０２３年３月期は営業収益は５・９兆円、営業利益率は17・8％を予想しており、前年度よりも成長しています。営業利益率はＫＤＤＩとほぼ遜色のない数字なので、

ROEの業界平均値

	2017	2018	2019	2020	2021	企業数
全業種	7.6	7.8	7.3	5.9	6.4	3,629
水産・農林業	7.6	5.6	8.6	6.1	8.9	11
卸売業	6.9	6.8	6.7	6.0	5.7	326
食料品	7.1	6.3	5.7	5.2	6.0	128
建設業	9.8	9.2	9.2	8.6	8.2	165
非鉄金属	7.7	8.1	6.2	3.9	4.6	35
鉱業	3.2	3.8	4.7	5.6	1.4	6
機械	7.0	7.4	7.3	4.8	5.6	231
サービス業	10.4	10.2	10.5	7.3	8.9	506
金属製品	6.8	6.9	6.1	4.0	5.0	94
情報・通信業	10.1	9.9	9.8	9.8	11.1	528
医薬品	5.4	5.1	5.2	2.9	3.3	70
不動産業	12.9	12.6	11.4	8.5	8.9	136
陸運業	7.8	7.6	7.4	6.1	2.0	67
小売業	6.8	6.2	6.0	4.1	5.4	325
化学	7.9	7.7	7.0	5.9	6.2	211
繊維製品	3.6	4.2	3.6	1.9	2.3	52
電気機器	6.0	6.7	6.4	4.9	6.5	246
ガラス・土石製品	6.1	7.5	8.5	5.4	5.8	59
輸送用機器	6.5	7.7	6.7	3.5	2.0	88
石油・石炭製品	9.2	10.6	8.0	-2.0	7.0	11
パルプ・紙	5.4	3.8	4.9	5.0	5.1	26
その他製品	5.9	5.3	5.0	4.5	5.8	113
精密機器	6.8	9.2	8.1	6.7	6.0	50
ゴム製品	9.6	8.9	7.9	5.3	5.1	19
鉄鋼	4.4	5.5	5.1	3.6	3.0	43
倉庫・運輸関連	4.8	5.5	5.5	5.4	5.1	41
海運業	2.5	5.2	6.4	5.2	5.0	12
空運業	10.8	12.8	8.9	4.9	-28.8	5
電気・ガス業	5.9	6.4	6.2	5.8	5.0	25

※出典:ザイマニ

しっかりと利益を出しているといえます。

ただし、私はこのような借入で事業を大きくする企業はおすすめしません。自己資本比率が低いということは借入が多く、業績が悪化した時に返済できなくなるリスクがあるからです。

安全性に懸念があると、長期にわたって配当金を受け取るという目的を達成できなくなる可能性が出てくるので、私は、ROEは高いけど自己資本比率が低い企業には投資しないようにしています。

ROEだけを見て、「数値が高いから優良銘柄！」と判断するような、1つだけの指標を見るのではなく、複数の指標を複合的に組み合わせながら銘柄を分析する必要があります。

ソフトバンクは自己資本比率は低い

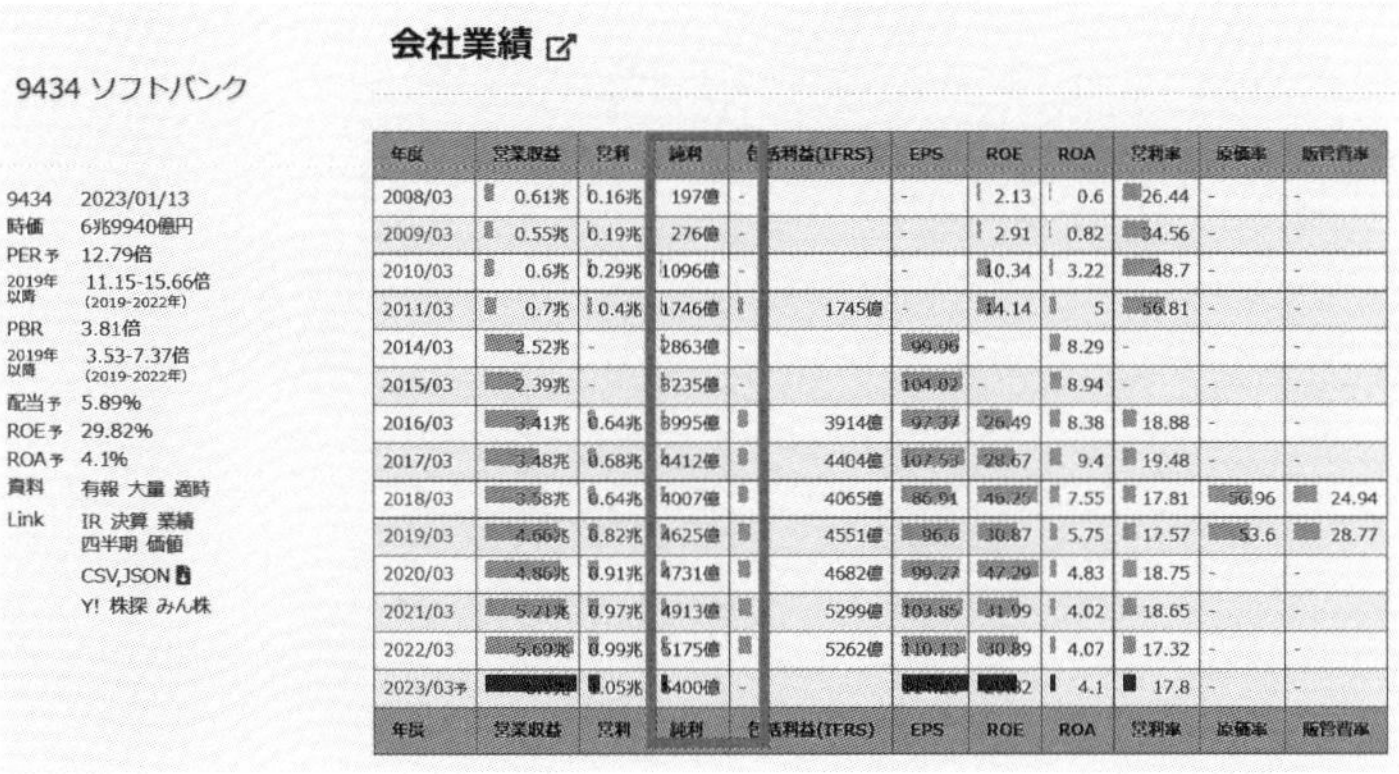

会社業績

9434 ソフトバンク

9434　2023/01/13
時価　6兆9940億円
PER予　12.79倍
2019年以降　11.15-15.66倍 (2019-2022年)
PBR　3.81倍
2019年以降　3.53-7.37倍 (2019-2022年)
配当予　5.89%
ROE予　29.82%
ROA予　4.1%
資料　有報 大量 適時
Link　IR 決算 業績 四半期 価値 CSV,JSON Y! 株探 みん株

年度	営業収益	営利	純利	包括利益(IFRS)	EPS	ROE	ROA	営利率	原価率	販管費率
2008/03	0.61兆	0.16兆	197億	-	-	2.13	0.6	26.44	-	-
2009/03	0.55兆	0.19兆	276億	-	-	2.91	0.82	34.56	-	-
2010/03	0.6兆	0.29兆	1096億	-	-	10.34	3.22	48.7	-	-
2011/03	0.7兆	0.4兆	1746億	1745億	-	14.14	5	56.81	-	-
2014/03	2.52兆	-	2863億	-	99.06	-	8.29	-	-	-
2015/03	2.39兆	-	3235億	-	104.02	-	8.94	-	-	-
2016/03	3.41兆	0.64兆	3995億	3914億	97.37	26.49	8.38	18.88	-	-
2017/03	3.48兆	0.68兆	4412億	4404億	107.53	28.67	9.4	19.48	-	-
2018/03	3.58兆	0.64兆	4007億	4065億	86.91	46.25	7.55	17.81	56.96	24.94
2019/03	4.66兆	0.82兆	4625億	4551億	96.6	30.87	5.75	17.57	53.6	28.77
2020/03	4.86兆	0.91兆	4731億	4682億	99.27	47.29	4.83	18.75	-	-
2021/03	5.21兆	0.97兆	4913億	5299億	103.85	31.09	4.02	18.65	-	-
2022/03	5.69兆	0.99兆	5175億	5262億	110.13	30.89	4.07	17.32	-	-
2023/03予	[illegible]	1.05兆	5400億	-	[illegible]	[illegible]	4.1	17.8	-	-
年度	営業収益	営利	純利	包括利益(IFRS)	EPS	ROE	ROA	営利率	原価率	販管費率

※出典:IRバンク

ソフトバンクの自己資本比率を見ると、ここ5年は10%で推移しており、3大キャリアのNTTドコモ、KDDIと比較すると非常に低い数値となっています。

しかしROEが非常に高い

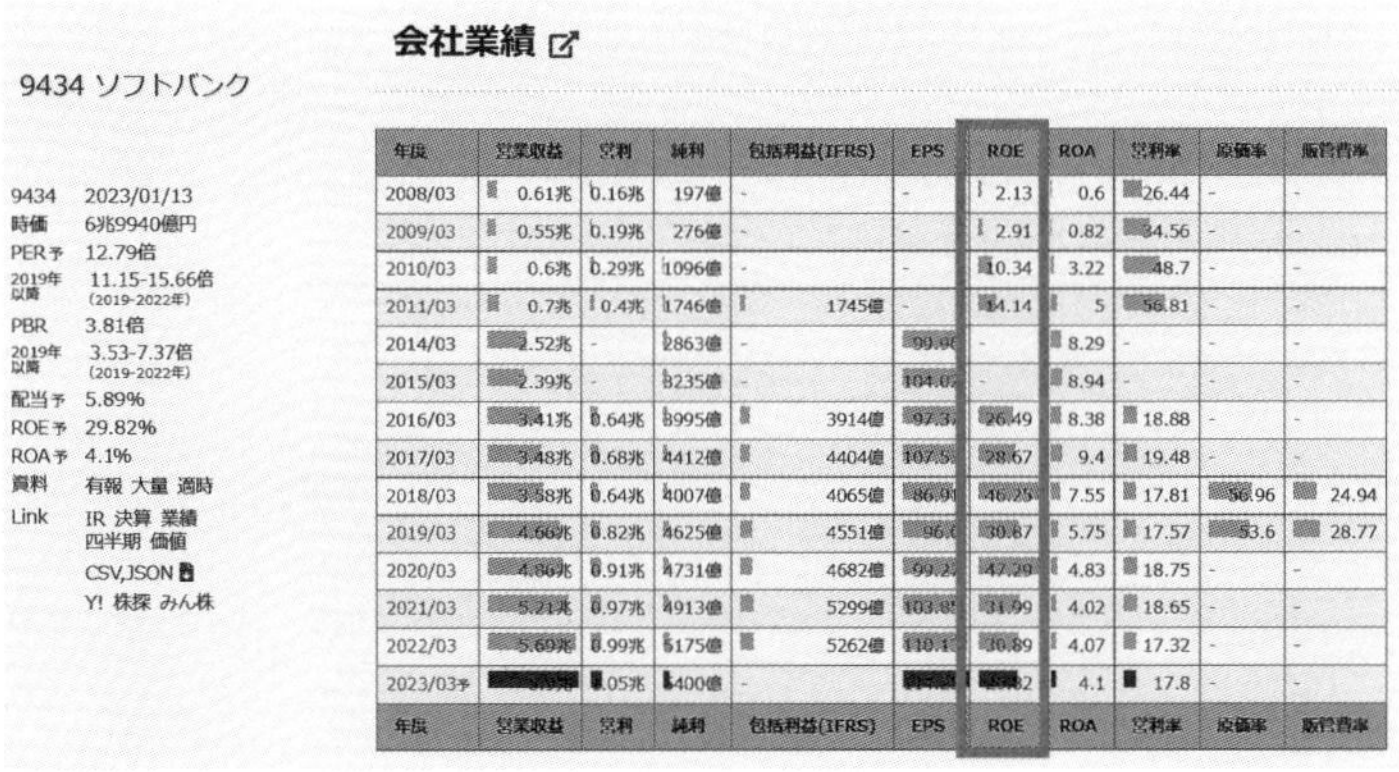

会社業績

9434 ソフトバンク

9434　2023/01/13
時価　6兆9940億円
PER予　12.79倍
2019年以降　11.15-15.66倍 (2019-2022年)
PBR　3.81倍
2019年以降　3.53-7.37倍 (2019-2022年)
配当予　5.89%
ROE予　29.82%
ROA予　4.1%
資料　有報 大量 適時
Link　IR 決算 業績 四半期 価値 CSV,JSON Y! 株探 みん株

年度	営業収益	営利	純利	包括利益(IFRS)	EPS	ROE	ROA	営利率	原価率	販管費率
2008/03	0.61兆	0.16兆	197億	-	-	2.13	0.6	26.44	-	-
2009/03	0.55兆	0.19兆	276億	-	-	2.91	0.82	34.56	-	-
2010/03	0.6兆	0.29兆	1096億	-	-	10.34	3.22	48.7	-	-
2011/03	0.7兆	0.4兆	1746億	1745億	-	14.14	5	56.81	-	-
2014/03	2.52兆	-	2863億	-	99.06	-	8.29	-	-	-
2015/03	2.39兆	-	3235億	-	104.02	-	8.94	-	-	-
2016/03	3.41兆	0.64兆	3995億	3914億	97.37	26.49	8.38	18.88	-	-
2017/03	3.48兆	0.68兆	4412億	4404億	107.53	28.67	9.4	19.48	-	-
2018/03	3.58兆	0.64兆	4007億	4065億	86.91	46.25	7.55	17.81	56.96	24.94
2019/03	4.66兆	0.82兆	4625億	4551億	96.6	30.87	5.75	17.57	53.6	28.77
2020/03	4.86兆	0.91兆	4731億	4682億	99.27	47.29	4.83	18.75	-	-
2021/03	5.21兆	0.97兆	4913億	5299億	103.85	31.09	4.02	18.65	-	-
2022/03	5.69兆	0.99兆	5175億	5262億	110.13	30.89	4.07	17.32	-	-
2023/03予	[illegible]	1.05兆	5400億	-	[illegible]	[illegible]	4.1	17.8	-	-
年度	営業収益	営利	純利	包括利益(IFRS)	EPS	ROE	ROA	営利率	原価率	販管費率

※出典:IRバンク

一方で、ROEは非常に高くなっています。ここ5年では一番高いのが2020年3月期の47.29%で、圧倒的な数値となっています。

⑤ 配当金が増えている企業

高配当投資で一番重要な配当金がしっかりと出ているかを確認

高配当株投資において、絶対に確認しておかないといけないのが「配当金が増えているか」です。配当金は必ずもらえるわけではなく、企業業績によって減配や無配になることもあります。そのため、安定して配当金を受け取りたいのならば、「できるだけ減配が少なく、増配傾向にある企業」をたくさんポートフォリオに組み込む必要があります。

そこで重要になるのが過去の配当金の推移です。現在まで増配傾向にあるのか、減配傾向ではないかは今後の配当金を占う上で非常に重要な情報です。

例えば、連続増配中の企業は今後も増配していく可能性がありますし、減配中の企業だと、業績を確認して悪化していれば今後も増配に転換しそうにないと判断できます。

配当金については「IRバンク」で確認可能です。過去10年における配当金の推移が掲載されているので、ある年にいきなり配当金が上がって、次の年は無配になっているみたいな波がないかを確認しましょう。

もちろん、配当金の推移だけではなく、EPSや配当性向も同時に確認し、無理のない配当をしているかを確認するのも重要です。

また、企業の中期経営計画の中には株主還元の方針が書かれている場合もあります。中期経営計画は企業のホームページで閲覧できるので、読ん

経済危機でも配当金を出す企業を狙おう！

KDDIの配当金推移

年度	1株当たり配当（円）		
	中間配当	期末配当	年間合計
2022年度（2023年3月期）(予定)	65	70	135
2021年度（2022年3月期）	60	65	125
2020年度（2021年3月期）	60	60	120
2019年度（2020年3月期）	55	60	115
2018年度（2019年3月期）	50	55	105
2017年度（2018年3月期）	45	45	90
2016年度（2017年3月期）	40	45	85

※KDDIのホームページの配当情報から作成

KDDIはコロナショックが起きた2020年度と2021年度でも増配をしています。このような不況時にもしっかりと配当金を出してくれる銘柄を選ぶことが高配当株投資において非常に重要なポイントです。

でみると配当方針が分かるかもしれません。

配当金の推移を確認する際のポイントですが、過去に起きた暴落時にも減配や無配になっていないかを確認しましょう。

特に、リーマンショックやコロナショックのような世界的な経済危機が起きて株価が大暴落した期間の配当推移には要注目です。

世界的な経済危機が起きた場合、当然ながら業績は悪化します。つまり、企業が稼ぐ利益が少なくなるので、配当金を分配するだけの余裕が無くなり、減配や無配になる可能性が非常に高くなります。

一方で、リーマンショックやコロナショックの中でも、配当金を減配や無配どころか、増配した企業もあります。そのような企業は今後も同じような経済危機が起きたとしても、配当金をしっかりと出してくれる可能性が高いと判断できるわけです。例えば、私自身もポートフォリオに入れており、YouTubeなどで高配当銘柄としておすすめしているＫＤＤＩはコロナショック時でもしっかりと配当金を出しているだけでなく、増配をしています。コロナショック前後の配当金の年間総額を見ると、２０１８年度は１０５円、２０１９年度は１１５円、２０２０年度は１２０円、２０２１年度は１２５円と、コロナショックも関係なくしっかりと上昇しており、20期連続増配を実現しています。さらに、２０２２年度も増配を予定しており、21期連続増配も期待できるほど、株主への還元に力を入れている企業です。

「ＫＤＤＩは大企業だから配当金を分配できるんじゃないの？」と疑問を思われる人もいると思うので、おすすめしている銘柄の1社であるセンコーグループホールディングスも紹介します。センコーグループホールディングスは、時価総額１５００億円前後（２０２３年1月現在）の中型株で、コロナショック時に減配せずにしっかりと前年と同じ配当金を出しています。配当金の年間総額は２０１９年３月期の26円、２０２０年３月期は26円、２０２１年３月期は28円、２０２２年3月期が34円と、コロナショックの前後の配当金と同水準の配当金を分配しています。

ＫＤＤＩやセンコーグループホールディングスはコロナショックでも平時と変わらずに配当金を分配している実績があるため、将来、同じような〇〇ショックが起きたとしても、減配や無配にならない可能性が他の企業よりも高いと考えられます。

このような不況時にも安定的な配当金を出してくれる企業を探し、ポートフォリオのコアに据えることが、高配当株投資をしていく上で非常に重要になります。

配当金が安定している銘柄を探す

配当推移

9069 センコーグループ HD

9069　2023/01/13
時価　1481億円
PER予　8.79倍
2010年以降　7.41-22.25倍 (2010-2022年)
PBR　0.91倍
2010年以降　0.42-1.54倍 (2010-2022年)
配当予　3.61%
ROE予　10.31%
ROA予　3.12%
資料　有報 大量 適時
Link　IR 決算 業績 四半期 価値 CSV,JSON Y! 株探 みん株

年度	一株配当	配当性向	剰余金の配当	純資産配当率	自社株買い	総還元額	総還元性向
2008/03	-	-	8.84億	-	3.06億	11.9億	10
2009/03	-	-	8.77億	-	0.74億	9.51億	2.6
2010/03	8	29.8	8.78億	-	0.04億	8.82億	29.9
2011/03	10	47.46	10.7億	-	2.76億	13.5億	59.7
2012/03	12	39.76	13.8億	-	0.02億	13.9億	39.8
2013/03	14	33.8	16.4億	2.8	3.1億	19.5億	39.8
2014/03	16	30.8	19億	3	0.06億	19.1億	30.9
2015/03	17	30.9	20.6億	2.9	0.1億	20.7億	31
2016/03	20	33.1	25.7億	3.3	0.09億	25.8億	33.2
2017/03	22	35.7	31.8億	3.3	-	31.8億	35.7
2018/03	22	35.1	33.5億	3.1	4.55億	38.1億	39.9
2019/03	26	33.8	36.6億	3.4	1.27億	37.9億	34.9
2020/03	26	32.7	39.7億	3.2	-	39.7億	32.7
2021/03	28	29.8	39.7億	3.2	43.1億	82.8億	60.1
2022/03	34	32.7	47.1億	3.6	36.6億	83.7億	56.7
2023/03	*34	-	-	-	-	-	-
年度	一株配当	配当性向	剰余金の配当	純資産配当率	自社株買い	総還元額	総還元性向

※出典:IRバンク

センコーグループホールディングスの配当推移を見てみると、2010年から増配傾向にあります。このように、増配傾向にある銘柄をポートフォリオに組み込むことが、高配当株投資においては重要です。

安定していない銘柄は×

配当推移

9101 日本郵船

9101　2023/01/13
時価　1兆5590億円
PER予　1.51倍
2010年以降　赤字-35.79倍 (2010-2022年)
PBR　0.64倍
2010年以降　0.33-1.26倍 (2010-2022年)
配当予　16.69%
ROE予　42.19%
ROA予　26.15%
資料　有報 大量 適時
Link　IR 決算 業績 四半期 価値 CSV,JSON Y! 株探 みん株

年度	一株配当	配当性向	剰余金の配当	純資産配当率	自社株買い	総還元額	総還元性向
2008/03	-	-	258億	-	5.18億	263億	0.5
2009/03	-	-	307億	-	3億	310億	0.5
2010/03	13.33	赤字	49.1億	-	1.29億	50.4億	赤字
2011/03	36.67	17.29	136億	-	3.47億	139億	17.7
2012/03	13.33	赤字	119億	-	1.4億	120億	赤字
2013/03	13.33	35.9	67.9億	1.1	0.16億	68億	36
2014/03	16.67	25.7	67.8億	1.2	0.41億	68.3億	25.8
2015/03	23.33	24.9	84.8億	1.6	0.38億	85.2億	25
2016/03	20	55.8	153億	1.3	0.3億	153億	56
2017/03	-	赤字	33.9億	-	17.2億	51.1億	赤字
2018/03	10	-	-	0.9	0.23億	0.23億	0.1
2019/03	6.67	赤字	67.8億	0.6	0.13億	68億	赤字
2020/03	13.33	21.7	50.9億	1.4	4.82億	55.7億	23.2
2021/03	66.67	24.3	67.8億	6.2	0.15億	68億	24.3
2022/03	483.33	24.3	644億	20.9	2.31億	647億	24.3
2023/03	*510	-	-	-	-	-	-
年度	一株配当	配当性向	剰余金の配当	純資産配当率	自社株買い	総還元額	総還元性向

※出典:IRバンク

これは日本郵船の配当推移です。海運業は業績の上下が激しいため、業績が良いときは配当金も大きく増配になりますが、業績が悪いときは無配になる場合もあります。安定して配当金を得るのが目的なので、このように配当金が業績によって上下する銘柄は向いていません。

⑥ 配当性向が高すぎない企業

配当性向は高すぎても低すぎてもダメ

配当金だけでは、企業がどのくらい株主に還元しているのかが不明です。配当金が低いけど企業規模で考えたら実は株主にものすごく還元する企業だった、配当金がそれなりだけど実はあまり還元していない企業だったという場合もあります。

配当性向は利益の中から、配当金をどのくらい支払っているのかをパーセンテージで示しており、1株あたりの配当金÷EPSで求められます。**利益の何割を株主に還元しているか？という物差しとなる指標が配当性向**です。

配当性向の数値が低すぎると株主還元には消極的となるし、高すぎると減配の可能性が高いと判断できます。

例えば、A社は1株あたりの配当金が20円で、EPSが40円の企業とします。そうすると、20÷40×100＝50となるので、配当性向は50％となります。つまり、1年間に稼いだ利益のうち、半分を株主に還元し、残りの半分は設備投資や内部留保として貯めているということです。

一方で、B社は1株あたりの配当金が20円で、EPSが100円の企業です。20÷100×100＝20で、配当性向は20％です。B社は、1年間に稼いだ利益のうち、2割だけを株主に還元し、残りの半分は設備投資や内部留保として貯めているということになります。

A社とB社の配当性向を比較すると、A社の方が株主への還元に積極的だと判断できます。このように、同じ業種で比較し、より配当性向が高い

配当性向ランキング

銘柄名	配当性向	株価
スマートバリュー	7272.70%	416
サンゲツ※東証プライム	1503.50%	2,170
ヒガシマル	1113.20%	905
シキボウ	913.20%	948
ヤマシンフィルタ	909.50%	502
中国塗料	711.40%	942
大光	689.80%	645
日機装	644.00%	955
エージーピー	610.60%	714
シリウスビジョン	606.10%	282

※2023年1月12日時点の数値
※マネックス証券のスクリーニングツールの検索結果を基に作成

配当性向でスクリーニングをしてみると、配当性向が1000%を超えている企業もあります。利益以上の配当金を出している可能性が高いので、配当金を目的に投資する際は注意しましょう。

企業を見つけることが高配当投資では重要になります。

配当性向は30%～50%が理想

ただし、配当性向が高いというだけで株主に還元している良い企業と判断するのは早計です。

配当性向が高いと株主への還元が多いですが、裏を返せば企業の手元に残る利益が少なくなるということです。つまり、業績が悪くなった時に留保している資金が少ないため、減配や無配になるリスクが高いと考えられます。

そして、配当性向が１００％を超える企業は要注意です。配当性向が１００％ということは、１年間に稼いだ利益以上のお金を株主に還元していることを表しています。利益以上のお金をどこから出しているのかというと、資産などを切り崩して株主に還元している状態で、配当方針としては不健全です。配当性向が100％を超える状態は長く続かないので、減配や無配になる可能性があり、リスクが高いです。

また、配当性向が高い企業は配当金も高いわけではありません。利益が1億円で配当性向が20％の企業と、利益が5000万円で配当性向が30％の企業なら、前者の方が配当金の支払い総額は大きくなります。配当金の源は利益であり、利益を稼げる企業の方が配当金を出せることを忘れてはいけません。

私としては、配当性向が30％～50％の企業が理想的です。

実際に、KDDIの配当性向と、同じ情報通信業の日本電信電話の配当性向を比較してみましょう。

KDDIの配当性向はここ3年だと、2020年3月期41・7％、2021年3月期42・2％、2022年3月期が41・7％と平均で40％を超えており、配当金自体も右肩上がりに増配しているので、非常に理想的な企業です。

一方の日本電信電話を見てみると、こちらもここ3年だと、2020年3月期41・1％、2021年3月期42・3％、2022年3月期は34・9％と、30％～40％で推移しています。配当金も増配を続けており、こちらも非常に魅力的な企業です。特に2022年3月期は増配をしているにもかかわらず、配当性向が前年の42・3％から34・9％に下がっています。つまり、利益が成長し、余裕が出たと考えられ、今後も増配が続いていくと予想できます。

KDDIや日本電信電話のような企業を安値圏の時にポートフォリオに組み込むのが、高配当投資の理想的な形と言えるでしょう。

KDDIの配当性向

配当推移

9433 KDDI

9433　2023/01/11
時価　8兆9805億円
PER予　12.43倍
2010年以降　6.81-18.04倍 (2010-2022年)
PBR　1.68倍
2010年以降　0.83-2.54倍 (2010-2022年)
配当予　3.46%
ROE予　13.52%
ROA予　6.03%
資料　有報 大量 適時
Link　IR 決算 業績 四半期 価値
CSV,JSON
Y! 株探 みん株

年度	一株配当	配当性向	剰余金の配当	配当率	自社株買い	総還元額	総還元性向
2008/03	-	-	446億	-	3.53億	450億	0.2
2009/03	-	-	491億	-	52.6億	543億	2.4
2010/03	21.67	25.12	534億	-	-	534億	25.1
2011/03	23.33	22.7	579億	-	1000億	1579億	61.9
2012/03	26.67	26.69	637億	-	2210億	2847億	119.3
2013/03	30	28.5	650億	3.2	0.02億	650億	28.5
2014/03	43.33	32.6	859億	4.2	0.19億	859億	32.6
2015/03	56.67	35.9	1252億	4.9	-	1252億	35.9
2016/03	70	35.4	1629億	5.5	551億	2180億	46.5
2017/03	85	38.3	1856億	6.1	1000億	2856億	56.6
2018/03	90	38.2	2199億	6	1500億	3699億	64.4
2019/03	105	40.5	2277億	6.3	1603億	3880億	66.5
2020/03	115	41.7	2570億	6.2	1500億	4070億	65.1
2021/03	120	42.2	2760億	6	1361億	4121億	63.1
2022/03	125	41.7	2714億	5.8	2138億	4851億	73.5
2023/03	*135	-	-	-	-	-	-
年度	一株配当	配当性向	剰余金の配当	配当率	自社株買い	総還元額	総還元性向

KDDIの直近の配当性向は40%を超えており、非常に理想的な数値です。一株配当も連続増配をしているので、高配当株投資をするうえでポートフォリオに組み込みたい銘柄の代表選手といえるでしょう。

NTTの配当性向

配当推移

9432 日本電信電話

9432　2023/01/11
時価　13兆4992億円
PER予　10.8倍
2010年以降　7.71-16.39倍 (2010-2022年)
PBR　1.52倍
2010年以降　0.51-1.57倍 (2010-2022年)
配当予　3.22%
ROE予　14.05%
ROA予　4.78%
資料　有報 大量 適時
Link　IR 決算 業績 四半期 価値
CSV,JSON
Y! 株探 みん株

年度	一株配当	配当性向	剰余金の配当	配当率	自社株買い	総還元額	総還元性向
2008/03	-	-	1175億	-	963億	2138億	49.2
2009/03	-	-	1353億	-	2014億	3368億	102.8
2010/03	30	30.91	1522億	-	4.91億	1527億	31
2011/03	30	31.16	1588億	-	4.16億	1592億	31.2
2012/03	35	35.92	1680億	-	3820億	5500億	117.6
2013/03	40	37.2	1834億	-	1501億	3335億	66
2014/03	42.5	33.4	1862億	-	4067億	5929億	102.9
2015/03	45	38	1998億	-	3408億	5406億	103.8
2016/03	55	31.4	2002億	-	939億	2941億	44.1
2017/03	60	30.7	2480億	-	3743億	6223億	77.5
2018/03	75	33.3	2714億	3.4	2355億	5069億	59.5
2019/03	90	40.9	3136億	3.8	2582億	5718億	71.1
2020/03	95	41.1	3548億	3.8	5027億	8576億	99.9
2021/03	105	42.3	3585億	5	2502億	6086億	69.6
2022/03	115	34.9	3970億	4.9	2536億	6506億	56.4
2023/03	*120	-	-	-	-	-	-
年度	一株配当	配当性向	剰余金の配当	配当率	自社株買い	総還元額	総還元性向

日本電信電話の配当性向も30%～40%で推移しており、こちらも理想的です。2022年3月期は増配しているものの、前年よりも配当性向が低下しているので、今後も増配が続いていくと予想できます。

⑦ 自己資本比率が安定している企業

自己資本比率が安定している企業は安心

高配当投資は何年も継続して配当金をもらうスタイルです。配当金を長期スパンで得るためには、企業が何年も安定して経営していけるかを確認する必要があります。

企業の経営が安定しているのかを確認するには、まず自己資本比率を確認しましょう。自己資本比率は総資本のうち、返済不要の自己資本がいくらを占めているかを表す指数です。

つまり、自己資本比率が高い企業は返済義務のないお金を豊富に持っているので、中長期的に見て倒産しにくいと判断できます。

反対に、自己資本比率の低い企業は借入金で経営を行っています。返済できなかった場合は倒産という可能性もあります。

どんなに高配当企業でも、倒産してしまっては意味がありません。そのため、企業の自己資本比率を確認して、返済の必要のない資金で事業運営ができているかを確認する必要があります。

一般的に、自己資本比率は40%あればまずは合格ラインです。60%あれば一流、80%超は超一流で倒産する可能性は限りなく低いと考えられます。

自己資本比率も業界によって大きく異なる

ただし、自己資本比率も業界によって平均値は大きく異なります。例えば、銀行業界は特殊で、自己資本比率が非常に低く、10%以下という銀行

主要銀行の配当利回りと自己資本比率

銘柄名（コード）	配当利回り	自己資本比率
三井住友フィナンシャルグループ(8316)	5.36%	4.70%
みずほフィナンシャルグループ(8411)	5.10%	3.80%
三菱UFJフィナンシャル・グループ(8306)	3.54%	4.60%
りそなホールディングス(8308)	4.02%	3.10%
ゆうちょ銀行(7182)	5.08%	4.40%

※マネックス証券のデータを基に作成
※2023年1月13日時点の数値

知名度の高い銀行5社の配当利回りと自己資本比率です。銀行業界の特徴として、メガバンクでも自己資本比率が低くなっています。一方で、配当利回りは全体的に高めで、株主還元は積極的に行っていると判断できます。

がほとんどです。これは、銀行業はお金を預かる仕事だからです。自己資本とは返す必要のない自分のお金です。しかし、お金を預かる仕事の場合、お金を預けた人に返さなければいけません。そのため負債が多くなるので、自己資本比率が低くなってしまうという仕組みです。

メガバンクと呼ばれる最大手の銀行でも自己資本比率は5%を切っているほどで、合格ラインの40%からは大きく下回っています。

それでは自己資本比率が低いから銀行業は購入しない方が良いかというと、そうではありません。むしろ、銀行業は高い配当利回りの銘柄が多いです。

例えば、メガバンクの三井住友フィナンシャルグループは私のYouTubeチャンネルでも紹介している高配当株投資における非常に有望な銘柄です。

三井住友フィナンシャルグループの2022年3月期の配当利回りは、5・36%と非常に魅力的な数値でした。さらに、累進配当を方針として発表しています。累進配当とは、減配せずに配当を維持、もしくは増配する配当方針です。つまり、将来的に減配や無配になる可能性が低いということです。

継続して安定した配当金の獲得を目指す高配当株投資において、ぜひともポートフォリオに組み込みたい銘柄です。

実際に、三井住友フィナンシャルグループの配当推移を見てみると、直近の2012年3月期から2022年3月期の10年間で減配することなく増配傾向を続けています。2023年3月期も配当金は230円と増配を予想されており、非常に有望な銘柄と言えます。

そもそも、メガバンクが倒産する可能性は非常に少ないと思います。仮に経営が危機になった時点で政府からの支援があると思いますし、メガバンクが倒産することになったら高配当なんて言っていられない経済状況になっていると思います。

これらの要素を考えると、銀行業の中でもメガバンクは自己資本比率が低くても高配当株投資において有望な銘柄であると判断できます。

自己資本比率を絶対視するのではなく、業界平均や同業他社と比較したり、自己資本比率が低くても事業的に問題ないか、業績や経営状態などを総合的に判断した方が良いでしょう。

銀行業の自己資本比率は低い

財務状況

8316 三井住友 FG

8316　2023/01/12
時価　7兆6707億円
PER予　9.94倍
2010年以降　3.97-23.54倍（2010-2022年）
PBR　0.6倍
2010年以降　0.28-1.29倍（2010-2022年）
配当予　4.12%
ROE予　6.09%
ROA予　0.28%
資料　有報 大量 適時
Link　IR 決算 業績 四半期 価値 CSV,JSON Y! 株探 みん株

年度	総資産	純資産	株主資本	自己資本比率	利益剰余金	有利子負債	有利子負債比率	BPS
2008/03	112兆	5.22兆	3.1兆	3.2	1.74兆	3.97兆	110.93	-
2009/03	120兆	4.61兆	2.6兆	2.06	1.25兆	3.68兆	149.14	-
2010/03	123兆	7兆	4.64兆	4	1.45兆	3.73兆	75.4	3501.51
2011/03	138兆	7.13兆	4.92兆	3.7	1.78兆	4.2兆	82.51	3602.75
2012/03	143兆	7.25兆	5.01兆	3.6	2.15兆	5.84兆	111.99	3684.72
2013/03	149兆	8.44兆	5.68兆	4.3	2.81兆	6.25兆	98.5	4487.23
2014/03	162兆	9.01兆	6.4兆	4.5	3.48兆	7.46兆	102.55	5323.87
2015/03	183兆	10.7兆	7.02兆	4.9	4.1兆	9.57兆	106.12	6598.87
2016/03	187兆	10.4兆	7.45兆	4.8	4.53兆	10兆	112.45	6519.6
2017/03	198兆	11.2兆	8.12兆	4.9	5.04兆	10.4兆	107.29	6901.67
2018/03	199兆	11.6兆	8.64兆	5.2	5.55兆	11.4兆	110.12	7366.21
2019/03	204兆	11.5兆	9.05兆	5.3	5.99兆	11.5兆	106.97	7715.9
2020/03	220兆	10.8兆	9.35兆	4.9	6.34兆	10.6兆	99.3	7827.5
2021/03	243兆	11.9兆	9.51兆	4.9	6.49兆	10.7兆	90.72	8629.73
2022/03	258兆	12.2兆	9.94兆	4.7	6.92兆	11.7兆	96.5	8825.53
年度	総資産	純資産	株主資本	自己資本比率	利益剰余金	有利子負債	有利子負債比率	BPS

※出典:IRバンク

三井住友フィナンシャルグループの自己資本比率を見ると、5%以下の年度がほとんどです。銀行業は自己資本比率が低いことを把握しておきましょう。

自己資本比率が低くて優良銘柄

配当推移

8316 三井住友 FG

8316　2023/01/12
時価　7兆6707億円
PER予　9.94倍
2010年以降　3.97-23.54倍（2010-2022年）
PBR　0.6倍
2010年以降　0.28-1.29倍（2010-2022年）
配当予　4.12%
ROE予　6.09%
ROA予　0.28%
資料　有報 大量 適時
Link　IR 決算 業績 四半期 価値 CSV,JSON Y! 株探 みん株

年度	一株配当	配当性向	剰余金の配当	純資産配当率	自社株買い	総還元額	総還元性向
2008/03	-	-	1102億	-	9.01億	1111億	0.2
2009/03	-	-	1188億	-	9.43億	1198億	赤字
2010/03	0	-	712億	-	1.89億	714億	0.1
2011/03	0	-	1529億	-	478億	2006億	10
2012/03	100	27.39	1420億	-	3215億	4635億	89.4
2013/03	120	21.3	1353億	2.9	2.63億	1355億	21.3
2014/03	120	20.3	1700億	2.5	5億	1705億	20.4
2015/03	140	26.2	1709億	2.4	1.61億	1711億	26.2
2016/03	150	32.7	2119億	2.4	1.91億	2121億	32.7
2017/03	150	29.9	2051億	2.3	1億	2052億	29.9
2018/03	170	32.7	2186億	2.4	1.42億	2187億	32.7
2019/03	180	34.6	2456億	2.4	701億	3157億	44.2
2020/03	190	37	2558億	2.4	1001億	3559億	51.2
2021/03	190	50.8	2671億	2.3	0.61億	2672億	50.8
2022/03	210	40.7	2741億	2.4	0.74億	2742億	40.7
2023/03	*230	-	-	-	-	-	-
年度	一株配当	配当性向	剰余金の配当	純資産配当率	自社株買い	総還元額	総還元性向

※出典:IRバンク

自己資本比率が低くても配当金は増配中です。また、累進配当を方針としているので、今後も増配を期待でき、高配当株投資において非常に優良銘柄の一つです。

⑧ 現金が増えている企業

現金を多く保有している企業か確認しよう

企業が保有している現金が増えているのかも、高配当株投資において重要な要素なので、しっかりと確認しましょう。

大事なことなので何度でも繰り返しますが、基本的に配当金は企業がその期に稼いだ現金から分配されます。稼いでいる現金よりも多い配当金を分配している企業もありますが、それは留保している現金や資産を切り崩して分配していて、普通は長くは続きません。

継続して配当金を受け取りたいのなら、原資となる現金が増加傾向にある企業を選ぶ方が良いです。現金を多く保有している企業を選ぶ方がリスクが少なくなります。

注目したいポイントは、現在保有している現金で何年分の配当金を払えるのかです。

例えば、Aという企業が保有している現金は10億円だとします。そしてAが1年間で株主に払う配当金が合計10億円だとしたら、将来的に減配になる危険度がかなり高くなります。

なぜなら、配当金を支払うために毎年の事業で10億円の利益を稼ぐ必要があるからです。もちろん毎年10億円以上の利益が出るなら問題ありませんが、コロナショックのような景気悪化が起こり、企業の業績が落ちた場合に配当金の10億円が払えなくなり、減配や無配になる可能性が出てきます。

一方で、Bという企業は保有している現金は100億円で、配当金が合計10億円だとします。その場合、100億円÷10億円＝10なので、10年

企業の手元にある現金は決算短信に記載

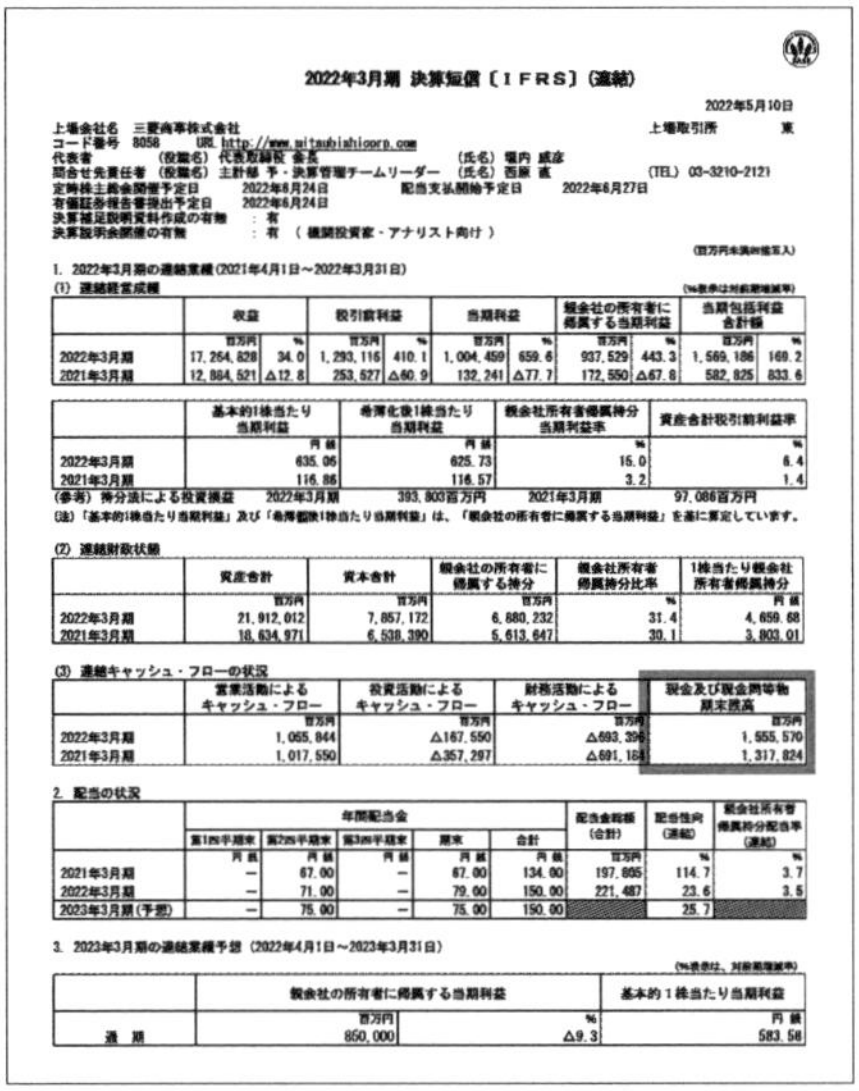

2022年3月期 決算短信〔ＩＦＲＳ〕(連結)

2022年5月10日

上場会社名 三菱商事株式会社 上場取引所 東
コード番号 8058 URL http://www.mitsubishicorp.com
代表者 (役職名) 代表取締役 会長 (氏名) 垣内 威彦
問合せ先責任者 (役職名) 主計部 予・決算管理チームリーダー (氏名) 西原 直 (TEL) 03-3210-2121
定時株主総会開催予定日 2022年6月24日 配当支払開始予定日 2022年6月27日
有価証券報告書提出予定日 2022年6月24日
決算補足説明資料作成の有無 ： 有
決算説明会開催の有無 ： 有 （ 機関投資家・アナリスト向け ）

(百万円未満四捨五入)

1. 2022年3月期の連結業績(2021年4月1日～2022年3月31日)

(1) 連結経営成績 (%表示は対前期増減率)

	収益		税引前利益		当期利益		親会社の所有者に帰属する当期利益		当期包括利益合計額	
	百万円	%	百万円	%	百万円	%	百万円	%	百万円	%
2022年3月期	17,264,828	34.0	1,293,116	410.1	1,004,459	659.6	937,529	443.3	1,569,186	169.2
2021年3月期	12,884,521	△12.8	253,527	△60.9	132,241	△77.7	172,550	△67.8	582,825	833.6

	基本的1株当たり当期利益	希薄化後1株当たり当期利益	親会社所有者帰属持分当期利益率	資産合計税引前利益率
	円 銭	円 銭	%	%
2022年3月期	635.06	625.73	15.0	6.4
2021年3月期	116.86	116.57	3.2	1.4

(参考) 持分法による投資損益 2022年3月期 393,803百万円 2021年3月期 97,086百万円
(注)「基本的1株当たり当期利益」及び「希薄化後1株当たり当期利益」は、「親会社の所有者に帰属する当期利益」を基に算定しています。

(2) 連結財政状態

	資産合計	資本合計	親会社の所有者に帰属する持分	親会社所有者帰属持分比率	1株当たり親会社所有者帰属持分
	百万円	百万円	百万円	%	円 銭
2022年3月期	21,912,012	7,857,172	6,880,232	31.4	4,659.68
2021年3月期	18,634,971	6,538,390	5,613,647	30.1	3,803.01

(3) 連結キャッシュ・フローの状況

	営業活動によるキャッシュ・フロー	投資活動によるキャッシュ・フロー	財務活動によるキャッシュ・フロー	現金及び現金同等物期末残高
	百万円	百万円	百万円	百万円
2022年3月期	1,065,844	△167,550	△693,396	1,555,570
2021年3月期	1,017,550	△357,297	△691,164	1,317,824

2. 配当の状況

	年間配当金					配当金総額(合計)	配当性向(連結)	親会社所有者帰属持分配当率(連結)
	第1四半期末	第2四半期末	第3四半期末	期末	合計			
	円 銭	円 銭	円 銭	円 銭	円 銭	百万円	%	%
2021年3月期	－	67.00	－	67.00	134.00	197,805	114.7	3.7
2022年3月期	－	71.00	－	79.00	150.00	221,487	23.6	3.5
2023年3月期(予想)	－	75.00	－	75.00	150.00		25.7	

3. 2023年3月期の連結業績予想（2022年4月1日～2023年3月31日）

(%表示は、対前期増減率)

	親会社の所有者に帰属する当期利益		基本的１株当たり当期利益
	百万円	%	円 銭
通 期	850,000	△9.3	583.58

※出典:三菱商事IR

企業が保有している現金は決算短信の「現金及び現金同等物」で確認できます。前期よりも増えていたら、年々利益を稼いでいるので安心できます。

間分の配当金を払う能力があります。そのため、単純計算で10年間利益が出なくても現金を株主への配当金にあてられるので、無配になる可能性は低くなるという考え方です。

減配リスクを減らすことも可能

現金を多く保有している企業を選定しておけば、減配の確率はグッと下がるので、現金を持っている企業を選定しましょう。

それでは、現金を保有している企業をどのように選定するかですが、企業のホームページのＩＲから決算短信を閲覧でき、その中の「現金及び現金同等物の期首残高」が保有している現金の目安です。もし、企業ごとに決算短信を読むのが手間という人は「ＩＲバンク」を活用しましょう。各企業の「現金及び現金同等物の期首残高」が10年分記載されているので、10年間でどのように変動しているのかが一目で分かります。

実際にＩＲバンクでＫＤＤＩの配当金と現金を分析してみます。個別企業の決算情報の「キャッシュフローの推移」に現金等という欄があり、そこで過去10年以上の現金がどのように推移しているのかを確認できます。ＫＤＤＩを見ると、２０１９年３月期までは２０００億円台で推移していましたが、２０２０年３月期は前期よりも１６００億円増え、さらに２０２１年３月期には約2倍の８０９８億円に急激に増えています。直近の２０２２年３月期は７９６６億円なので、約８０００億円の現金を保有しているということです。

そして、「配当推移」の欄にある「剰余金の配当」を見ます。直近の２０２２年３月期は２７１４億円なので、２７１４億円を株主に支払ったということです。支払った配当金は２７１４億円で、現金を約８０００億円を保有していることを考えると、利益が0になっても2年〜３年分の配当金を支払う余裕があると判断できます。

このような見方をすると、ＫＤＤＩはおそらく今後も配当金をしっかりと支払える財務体質が強い企業だと考えられます。

このように、**利益が減少しても現金を保有している企業は配当金を支払える余裕が比較的あるの**で、そのような銘柄を選定するのが高配当投資をするにあたって減配・無配リスクを減らせるポイントです。もちろん、年々現金が減っておらず、しっかりと増えているかも確認しましょう。

現金等をどのくらいを保有しているかを確認

キャッシュ・フローの推移

9433 KDDI

9433　2023/01/11
時価　8兆9805億円
PER予　12.43倍
2010年以降　6.81-18.04倍 (2010-2022年)
PBR　1.68倍
2010年以降　0.83-2.54倍 (2010-2022年)
配当予　3.46%
ROE予　13.52%
ROA予　6.03%
資料　有報 大量 適時
Link　IR 決算 業績 四半期 価値 CSV,JSON
Y! 株探 みん株

年度	営業CF	投資CF	財務CF	フリーCF	設備投資	現金等	営業CFマージン
2008/03	0.55兆	-5577億	-1044億	-0.01兆	5001億	755億	64.42
2009/03	0.71兆	-7755億	1915億	-0.06兆	5480億	2003億	91.68
2010/03	0.74兆	-9244億	1492億	-0.18兆	-4945億	1655億	21.5
2011/03	0.72兆	-4405億	2800億	0.28兆	-4222億	1599億	20.89
2012/03	0.73兆	-4845億	-2259億	0.24兆	-3948億	1742億	20.32
2013/03	0.52兆	-4730億	-1402億	0.05兆	-4158億	873億	14.31
2014/03	0.77兆	-5463億	-1056億	0.23兆	-5093億	2497億	17.82
2015/03	0.97兆	-6357億	-3105億	0.33兆	-5212億	2763億	22.69
2016/03	0.88兆	-6679億	-2990億	0.22兆	-	1921億	19.81
2017/03	1.16兆	-6372億	-4858億	0.52兆	-	2266億	24.45
2018/03	1.06兆	-6338億	-4532億	0.43兆	-3611億	2008億	21.05
2019/03	1.03兆	-7146億	-3110億	0.32兆	-5606億	2046億	20.27
2020/03	1.32兆	-6110億	-5464億	0.71兆	-6622億	3692億	25.27
2021/03	1.68兆	-6589億	-5856億	1.02兆	-5883億	8098億	31.66
2022/03	1.47兆	-7616億	-7273億	0.71兆	-6765億	7966億	26.96
年度	営業CF	投資CF	財務CF	フリーCF	設備投資	現金等	営業CFマージン

※出典:IRバンク

「IRバンク」の現金等で企業がどのくらいの現金を保有しているかが分かります。過去から現金が増加している企業の方が、業績が悪化した際に配当金を支払える余裕があるので、現金が増えているかを確認しましょう。

「剰余金の配当」は支払った配当の目安

配当推移

9433 KDDI

9433　2023/01/11
時価　8兆9805億円
PER予　12.43倍
2010年以降　6.81-18.04倍 (2010-2022年)
PBR　1.68倍
2010年以降　0.83-2.54倍 (2010-2022年)
配当予　3.46%
ROE予　13.52%
ROA予　6.03%
資料　有報 大量 適時
Link　IR 決算 業績 四半期 価値 CSV,JSON
Y! 株探 みん株

年度	一株配当	配当性向	剰余金の配当	配当率	自社株買い	総還元額	総還元性向
2008/03	-	-	446億	-	3.53億	450億	0.2
2009/03	-	-	491億	-	52.6億	543億	2.4
2010/03	21.67	25.12	534億	-	-	534億	25.1
2011/03	23.33	22.7	579億	-	1000億	1579億	61.9
2012/03	26.67	26.69	637億	-	2210億	2847億	119.3
2013/03	30	28.5	650億	3.2	0.02億	650億	28.5
2014/03	43.33	32.6	859億	4.2	0.19億	859億	32.6
2015/03	56.67	35.9	1252億	4.9	-	1252億	35.9
2016/03	70	35.4	1629億	5.5	551億	2180億	46.5
2017/03	85	38.3	1856億	6.1	1000億	2856億	56.6
2018/03	90	38.2	2199億	6	1500億	3699億	64.4
2019/03	105	40.5	2277億	6.3	1603億	3880億	66.5
2020/03	115	41.7	2570億	6.2	1500億	4070億	65.1
2021/03	120	42.2	2760億	6	1361億	4121億	63.1
2022/03	125	41.7	2714億	5.8	2138億	4851億	73.5
2023/03	*135	-	-	-	-	-	-
年度	一株配当	配当性向	剰余金の配当	配当率	自社株買い	総還元額	総還元性向

※出典:IRバンク

「剰余金の配当」ではその年度にどのくらいの配当金を支払ったかになります。この数字と企業の現金を比較し、利益がゼロでも何年分の配当金を支払える余裕があるかを分析すると、減配リスクを減らせます。

⑨配当利回り推移で割安・割高を見極める

割安の時期を探って買いを入れる！

高配当株投資で重要な点は、いかに割安のタイミングで狙った株式を購入できるかです。

割高の時に株式を購入してしまう「高値掴み」をしてしまうと、購入した金額に対してリターンが少なくなるからです。例えば、１０００円を使って１００円の利益を得るのと、１３００円を使って１００円の利益を得るのであれば、１０００円の方が使った金額が安いためリターンが高いです。高配当投資も同じで、安い時期に仕込んだ方がリターンも大きくなります。

また、高値で掴んでしまうと、その後に株価が下落する可能性が高いです。高配当株投資はずっとホールドして配当金をもらい続ける投資法なので、株価の動きは関係ありません。ただ、含み損になった状態で保有し続けるのは不安感が付きまとうので、精神的に非常に辛いです。

割安のタイミングを測る方法としては、株価に対する年間配当金の割合を示す指標、配当利回りで測る考え方があります。

配当利回りは株価によって日々変動します。例えば、現在の株価が１０００円で配当金が20円であった場合だと20÷１０００円×１００＝２となり、配当利回りは２％です。数日後に株価が１３００円に値上がりした場合は20÷１３００円×１００＝１・54となり、配当利回りが２％から低下して１・54％になります。

つまり、配当利回りが高いときは株価が下がっていると判断できます。配当利回りが高い時に仕

バフェットコードを使うと分析しやすい

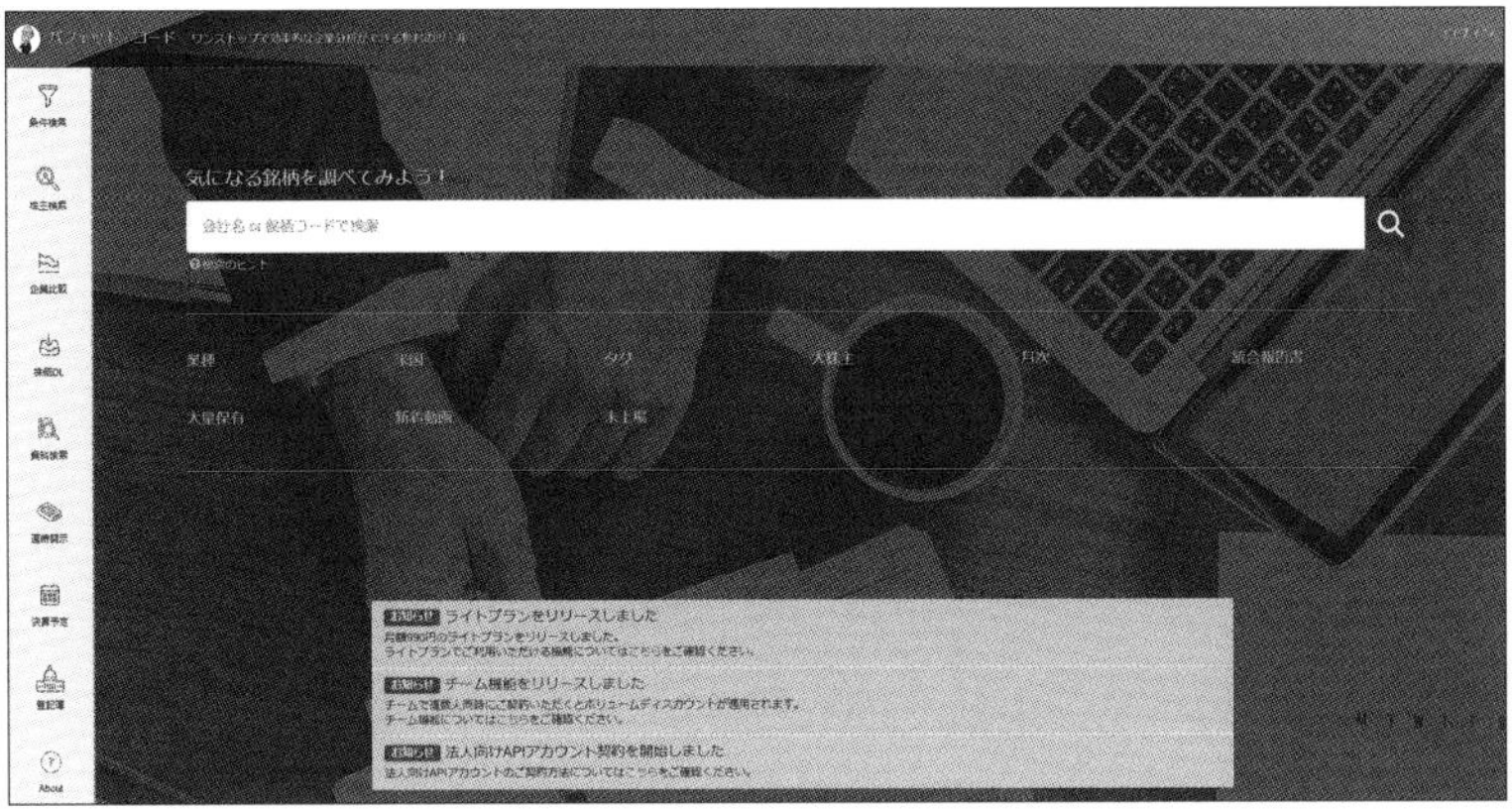

※出典:https://www.buffett-code.com/

バフェット・コードでは企業ごとの時価総額や配当利回りなどのファンダメンタルズ情報を検索できます。グラフ化されていて見やすいので、銘柄分析をするうえで便利です。

込むと、株価に対する配当金のリターンが大きくなるので、配当利回りがどれくらいで推移しているのかを確認しましょう。

長期配当利回りのレンジを探る

配当利回りを確認する時のポイントですが、長期的に見ると、企業ごとに大体のレンジに収まる傾向があるので、最大値に近づいたときが購入するタイミングと考えます。

例えば、Aという企業の5年間の配当利回りは、最高値が3・40％、最低値が1・85％の間で動いているとします。現在の配当利回りが2・42だったら、最高値の3・40と比較すると配当利回りが低めなので、買いを控えると判断します。仮に、現在の配当利回りが3・20％だったら最高値の3・40％と近くなっているので買いを考えて良いでしょう。

購入したい企業の3年〜5年分くらいの配当利回りのレンジを把握しておけば、配当利回りが大きく高まったタイミングが購入ラインだと分かります。

実際に、バフェットコードでKDDIの配当利回り推移を確認していきます。

過去3年の配当利回りのグラフを見ると、最大値が約4・5%、最小値が2・9%のレンジの中で動いています。2023年1月12日現在の配当利回りは3・47%なので、最大値4・5%と比較すると、配当利回りは低い時期だと分析でき、まだ購入を控えた方が良いと判断できます。目安としては、4・0%を超えたら仕込んでいくと良いかと思います。

とはいえ、配当利回りが4%を超えている時期が2020年ごろなので、コロナショックで株価が大きく下落した期間です。一方で、コロナショックから回復期にあった2021年からは低下し続け、2022年には3%を切っている時期もあります。

つまり、株価が下落する時期に配当利回りは高くなるので、その時期がチャンスと思い仕込んでいく戦略が有効になるとあらためて分かります。

このように、長期における配当利回りの推移を見て、過去の最大値と今の水準が近づいていたら買いを狙い、離れすぎていたら我慢するという考え方です。

ただし、配当利回りの推移だけを見て判断するのではなく、PER・PBRや株価チャートの動きなどの各指標も併せて分析することが大切です。

3年間の配当推移のレンジを確認

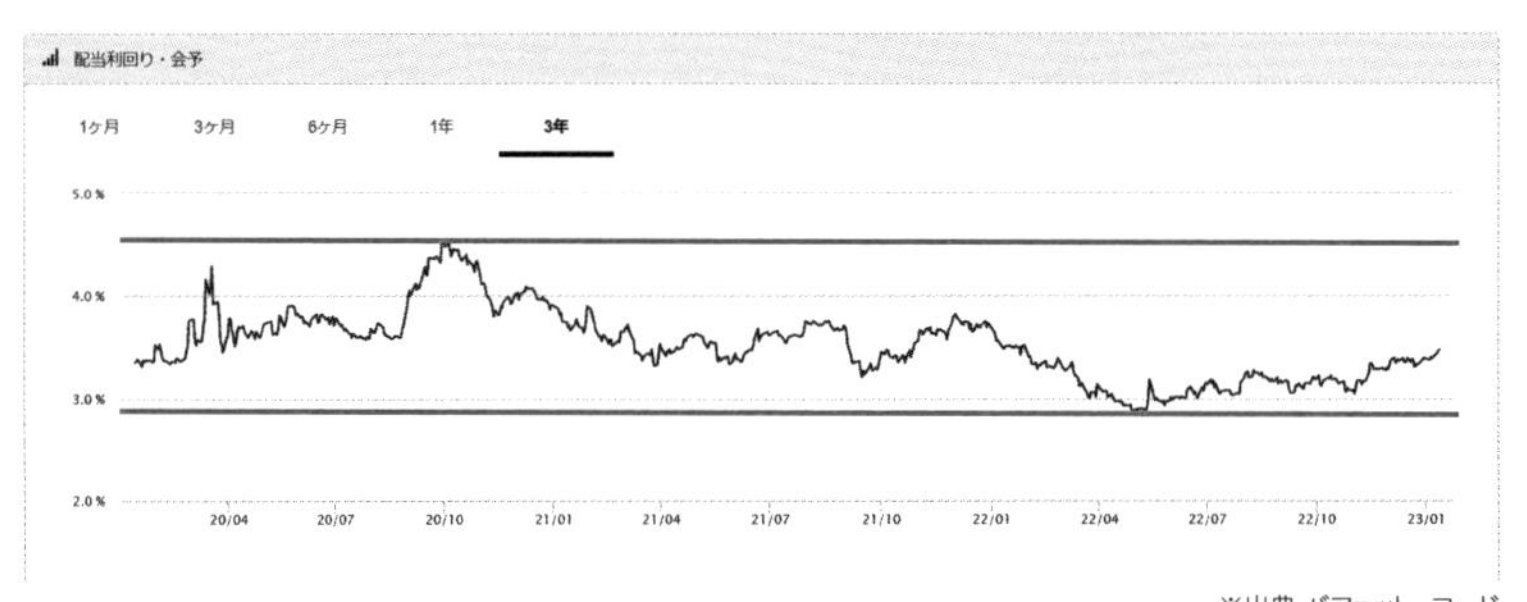

※出典：バフェット・コード

KDDIの3年間の配当利回りの推移を見ると、おおよそ3.0%から4.5%のレンジで推移していることが分かります。

現在の配当利回りと比較して低ければ買い目線

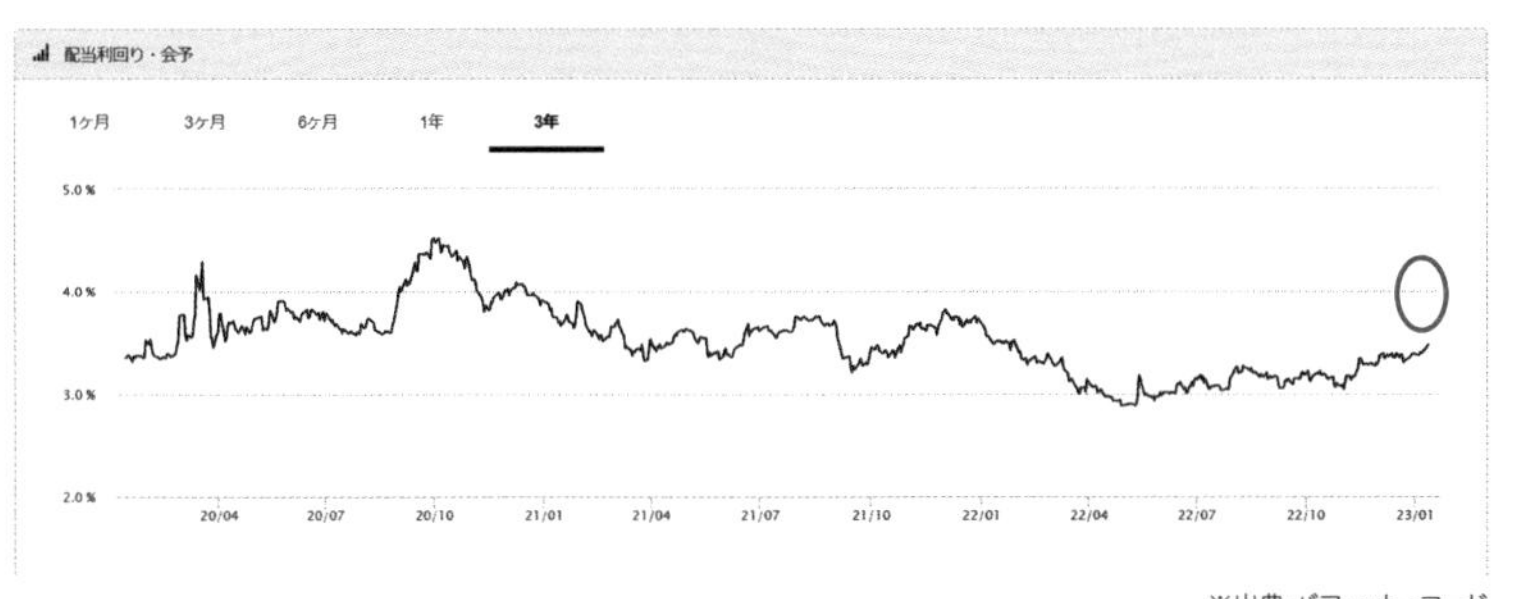

※出典：バフェット・コード

現在の配当利回りは3.47%なので、最高値の4.5%台と比較すると今はあまり良くないので、購入は4.0%くらいまで上昇してからの方がメリットがあると考えられます。

⑩ ＰＥＲ／ＰＢＲで割安・割高を見極める

必ず覚えておきたいＰＥＲとＰＢＲの見方

現在の株価が割高なのか割安なのかを測る有名な指標として、ＰＥＲとＰＢＲがあります。

ＰＥＲとは株価収益率のことで、株価が１株あたり純利益の何倍の価値になっているかを示すものです。一般的には15倍を目安に、15倍以下だと割安、15倍よりも数字が大きいほど割高と言われています。

ＰＢＲは、株価純資産倍率のことで、株価が１株あたり純資産の何倍の値段が付けられているかを測る指標です。こちらは一般的には１倍を目安に、１倍以下だと割安と言われています。

ただし、ＰＥＲの15倍や、ＰＢＲの１倍という目安が絶対に正しいわけではありません。ＰＥＲが何年にもわたって15倍以下という水準になっていて、株価もずっと低迷しているような企業があります。ＰＢＲも同様で、何年も１倍を割っている企業があります。

例えば、ＰＥＲが14倍の企業があったとします。ＰＥＲが14倍ということは、一般的な目安を考えると割安です。しかし、その企業の10年間におけるＰＥＲの平均が12倍だったとしたら、ＰＥＲ14倍はむしろ割高になります。

ＰＥＲが14倍だから割安だと飛びついてしまうと、すぐに株価が下落してしまったということになってしまうかもしれません。なので、ＰＥＲやＰＢＲを絶対的な指標として判断するのは危険です。

低PERと低PBRのランキング

銘柄名	PBR
極楽湯ホールディングス	-497.62
ワイズテーブルコーポレーション	-58.76
レッド・プラネット・ジャパン	-6.13
旅工房	-4.20
ポプラ	-4.09
アジャイルメディア・ネットワーク	-3.73
和心	-3.16
タカキュー	-3.07
アルファクス・フード・システム	-2.54
ホープ	-0.34

銘柄名	PER
ブロードバンドタワー	-3895.62
新東	-873.27
ザッパラス	-732.03
ENECHANGE	-687.77
セーフィー	-661.58
京進	-611.71
タムラ製作所	-606.99
エクサウィザーズ	-451.23
歌舞伎座	-375.44
サンテック	-369.61

マネックス証券の数値を基に作成
2023年1月13日時点の数値

PERとPBRが低い順にランキング形式にしてみました。マイナスになっていますが、これは赤字の企業ということです。マイナスの企業は投資に適さないので、購入はおすすめしません。

企業ごとのレンジを確認することが必要

ＰＥＲとＰＢＲを使って銘柄を選ぶ場合のポイントは、配当利回りと同じように、企業ごとに収まる大体のレンジを参考にすることです。なので、過去数年のＰＥＲやＰＢＲがどのくらいの範囲で動いていて、今の水準がどのくらいなのかを見て判断しましょう。過去3〜5年分くらいのレンジを把握して、大きく下がったタイミングが購入ラインだと考えると良いと思います。

ＰＥＲやＰＢＲの過去の推移はバフェット・コードで確認できます。実際にＫＤＤＩのＰＥＲとＰＢＲを見ていきます。

まずはＰＥＲですが、過去3年の推移を見ると、最大値が14・6倍、最低値が9・25倍のレンジで推移しています。これを見ると、最低でも過去3年間は一般的な目安とされている15倍以下となっているので割安状態が続いていますが、14倍になっている時に「割安だ」と購入したら、そこが3年におけるPERの最大値に近いので、相対的に割高で購入することになります。できるだけ最大値から大きく下がったタイミングになるまで我慢しましょう。

このケースだと、現在は12倍くらいなので相対的にはまだ割高感があります。一番良いのは、2020年10月の最低値の9・25倍まで下がったときに購入するのが理想形です。

次に、PBRを見ていきましょう。3年間のPBRの推移は最大値が2・2倍、最低値が1・32倍のレンジで推移しています。PBRは一般的に1倍が割安と言われていますが、KDDIは1倍を下回っていないので、これだと最低でも3年間は購入するタイミングが全くなかったことになります。だからこそ、1倍という数値を絶対視するのではなく、企業ごとに相対的に見て判断するべきです。

現在のPBRは1・68倍で、最大値の2・2倍と比較すると下がってはいますが、最低値の1・32倍と比較すると高めです。なので、もう少し下がるまで我慢した方が良いでしょう。

PBRも理想は1・32倍まで下がったら購入するタイミングです。ただ、直近だと1・5倍で反発しているので、1・5倍まで下がったら買いのタイミングと考えても良いかもしれません。

このように、PERやPBRを参考にする場合は、過去の推移を基に相対的に割安か割高かを判断するようにしましょう。

過去のレンジを参考に今の水準を判断

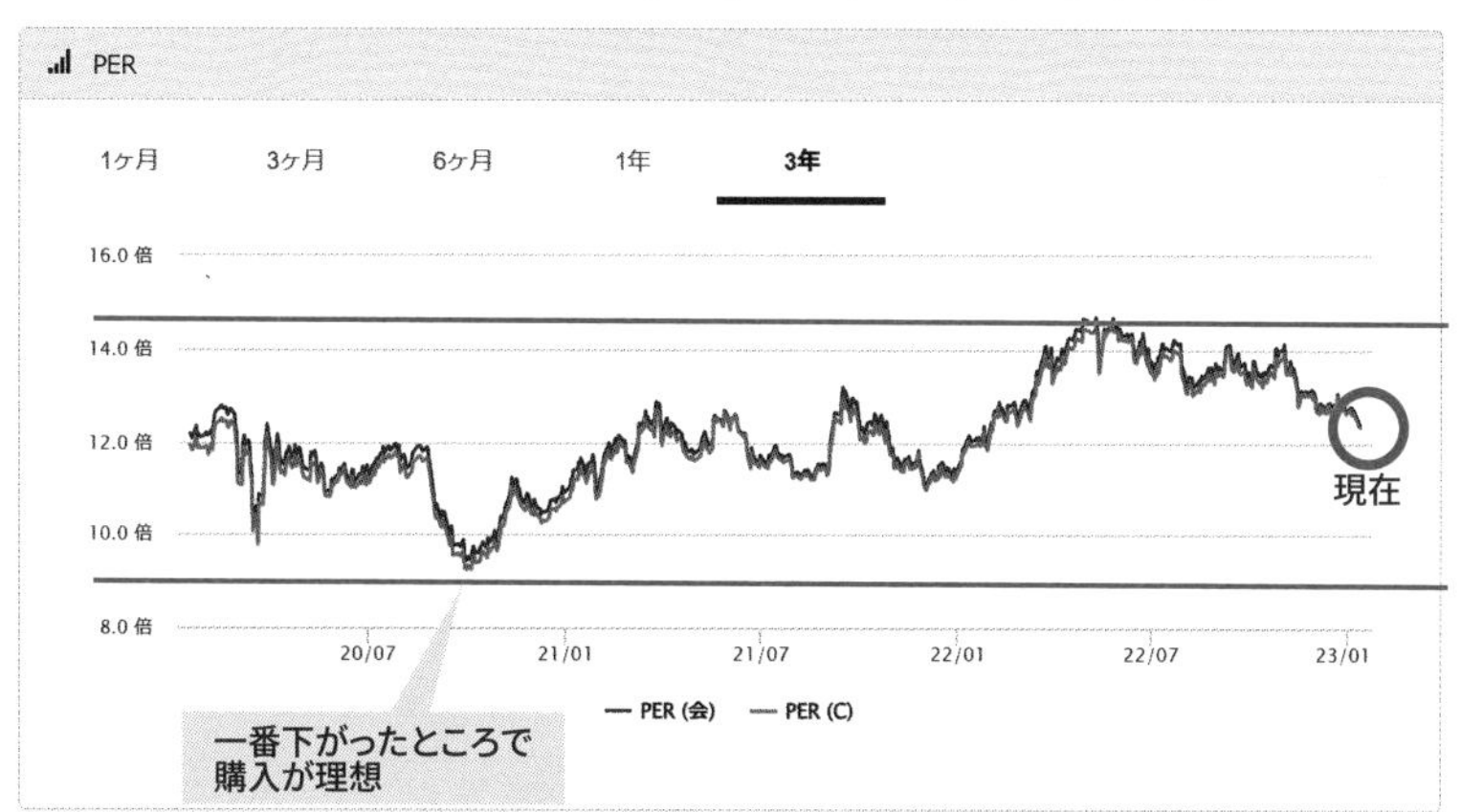

※出典:バフェット・コード

過去の最高数値と最低数値を見て、現在のPERが割高か割安かを判断しましょう。この例だと、下落傾向にあるものの、最大値に近いのでまだ割高気味と考えられます。

最低値に近いところに下がるまで我慢

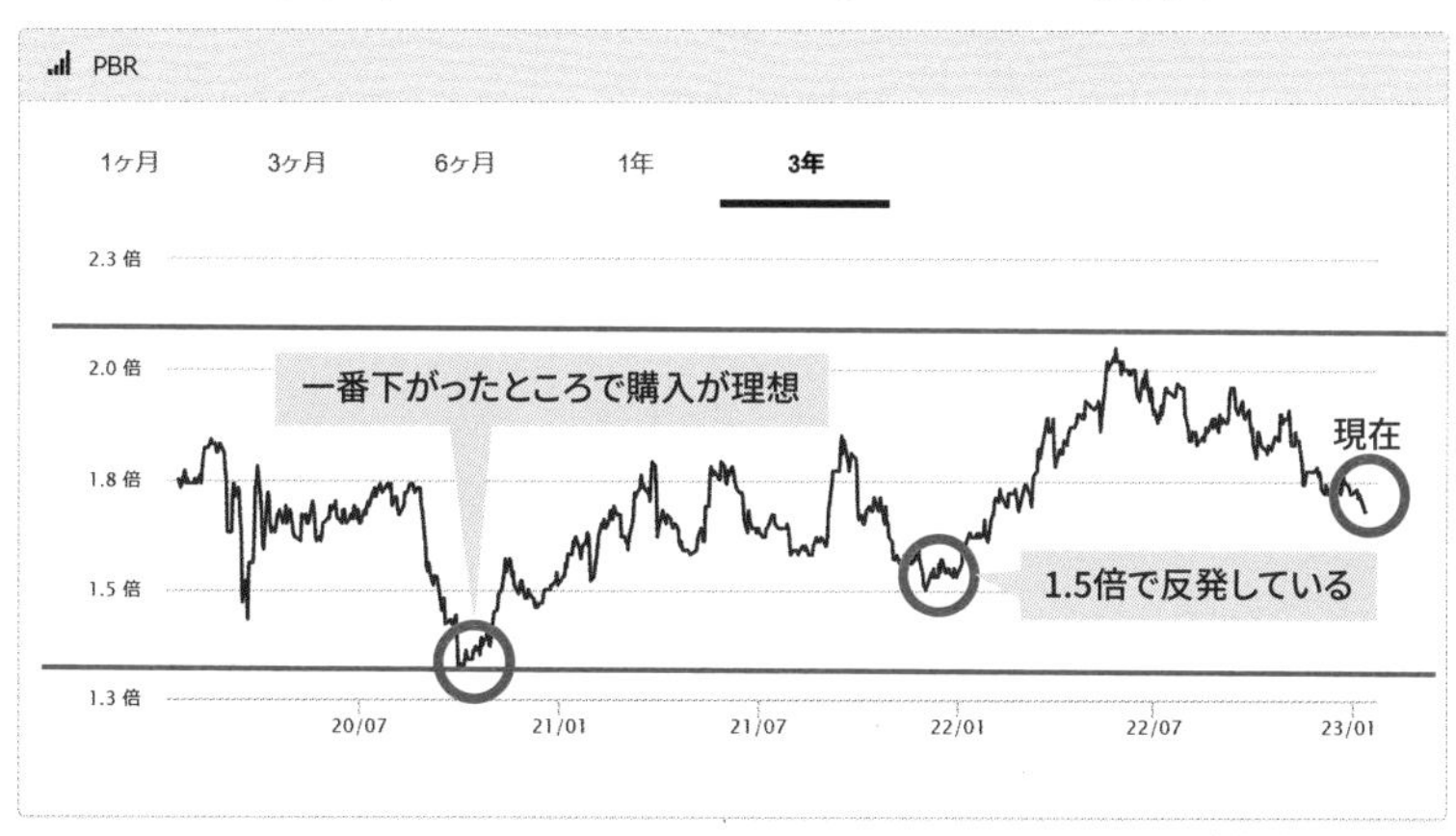

※出典:バフェット・コード

PBRも最高値と最低値から、現在の数値が割高か割安かを判断するのが良いです。この画像だと、現在の数値はレンジの半分くらいなので、もっと下がるまで我慢しましょう。過去を見ると、1.5倍で反発しているので、1.5倍まで下がったら買いタイミングと判断しても良いかもしれません。

⑪ 企業としての「強み」を持っているか・将来性を感じられるか

世界シェア1位の商品やサービスなどを提供しているような企業は生き残りやすい

最後に見ておくべきは企業としての「強み」を持っているか、将来性を感じられるかです。高配当株投資の基本は「一生売らずに配当金を得続ける投資手法」です。

そのため、未来永劫企業が成長し続けられるかが鍵となってきます。過去、現在がどんなに優良な企業でも、将来はどうなるか分かりません。過去に優良な企業だったけど、今は低迷している企業の例だと東京電力ＨＤです。

２０１１年の東日本大震災以降は株価が低迷し、配当金も無配になっています。しかし、もし１９９０年代に東京電力ＨＤが今のような姿になると言っても、誰も信じてくれなかったと思います。

どんなに大きな企業でも将来のことは分かりません。１年後には日本を代表する企業が倒産寸前になる可能性もあります。しかし、それを恐れていては高配当株投資はできません。できるだけ将来も安定して存続できそうで、なおかつ利益を成長させていける確率が高い企業に投資することで、リスクを減らせます。

企業が存続するためには、その企業の存在意義が必要になります。世界シェアトップを誇る製品やサービス、もしくはニッチな分野でシェア１位などの「強み」を持つ企業は、その分野での価格決定力もあり、競合に対しても優位に立てるので企業としての生存競争でも強く、生き残れる可能性

成長を続ける信越化学工業は優良銘柄

4063 信越化学工業

4063	2023/01/12
時価	6兆8689億円
PER予	9.86倍
2010年以降	10.99-30.97倍 (2010-2022年)
PBR	1.78倍
2010年以降	1.03-2.91倍 (2010-2022年)
配当予	2.69%
ROE予	18.04%
ROA予	14.74%
資料	有報 大量 適時
Link	IR 決算 業績 四半期 価値 CSV,JSON Y! 株探 みん株

会社業績

年度	売上	営利	経常	純利	包括	EPS	ROE	ROA	営利率	原価率	販管費率
2008/03	1.38兆	2871億	3000億	1836億	-	-	12.76	9.57	20.86	68.8	10.34
2009/03	1.2兆	2329億	2505億	1547億	-	-	11.33	9.18	19.4	71.07	9.53
2010/03	0.92兆	1172億	1270億	839億	-	194.05	5.86	4.74	12.78	76.45	10.77
2011/03	1.06兆	1492億	1603億	1001億	379億	231.7	7.02	5.61	14.1	75.93	9.97
2012/03	1.05兆	1496億	1652億	1006億	665億	232.91	6.92	5.56	14.28	76.22	9.5
2013/03	1.03兆	1570億	1702億	1057億	1908億	244.65	6.71	5.5	15.32	75.04	9.65
2014/03	1.17兆	1738億	1806億	1136億	2415億	267.19	6.41	5.17	14.91	74.96	10.13
2015/03	1.26兆	1853億	1980億	1286億	2323億	302.04	6.56	5.24	14.76	74.9	10.34
2016/03	1.28兆	2085億	2200億	1488億	1119億	349.46	7.34	5.93	16.29	72.67	11.04
2017/03	1.24兆	2386億	2421億	1759億	1520億	412.86	8.25	6.62	19.28	70.18	10.54
2018/03	1.44兆	3368億	3403億	2662億	2751億	624.27	11.32	9.17	23.37	66.81	9.82
2019/03	1.59兆	4037億	4153億	3091億	2799億	725.99	12.54	10.17	25.33	65.24	9.43
2020/03	1.54兆	4060億	4182億	3140億	2869億	755.17	11.84	9.72	26.31	64	9.7
2021/03	1.5兆	3922億	4051億	2937億	2571億	706.76	10.44	8.69	26.2	63.68	10.12
2022/03	2.07兆	6763億	6944億	5001億	6682億	1203.8	15.03	12.34	32.6	58.16	9.24
2023/03予	[illegible]	[illegible]00億	[illegible]00億	[illegible]00億	-	[illegible]	[illegible].04	[illegible]4.74	[illegible]4.81	-	-
年度	売上	営利	経常	純利	包括	EPS	ROE	ROA	営利率	原価率	販管費率

出典:IRバンク

信越科学工業は業績が順調に伸びており、営業利益率も直近の2022年3月期は32%と驚異的な数字を出しています。世界シェアNo.1の商品を取り扱っており、業績も伸びているので優良企業といえます。

が高まります。

例えば、私がおすすめしている銘柄の一つである信越化学工業は明確な強みを持っている企業です。信越化学工業は塩化ビニルやシリコンウエハーなどで世界1位のシェアを誇っています。売上高は２０２２年３月期の決算は売上高が２兆を超え、２０２３年１月13日時点の時価総額は６・73兆円の超巨大企業です。業績もここ10年で右肩上がりとなっており、営業利益率も２０２２年３月期は30%超えと、非常に優良企業と言えます。

企業のIRページに注視する

そういった情報はＩＲページに掲載されていることが多く、その会社の強みと見て取れます。とはいうものの、１社ずつどんな製品やサービスを提供しているのかを調べるのは時間と手間がかかります。

一つのポイントとしては、営業利益率をチェックしましょう。**営業利益率が高い会社は自社のサービスや製品に何らかの強みを持っている**と判断できます。

その会社しか開発していない製品やものすごく高品質で評判の良いサービスや製品を提供している場合は、価格を下げなくても売れますし、反対に価格を上げても買ってくれると思います。

そうすると、営業利益率は高くなるので、営業利益率に注目して、同業他社と比較して高ければ、強みを持った製品やサービスを提供している会社かなと判断できます。

また、投資先の企業が将来どんな企業になろうとしているのかを見ておく必要があります。企業のホームページに「中期経営計画」を出している企業があれば、必ずチェックしましょう。


2025年や2030年などの将来の売上・利益がどの程度を目標としているのか、その成長のためにどの事業を伸ばそうとしているのか、海外展開はどう考えているのか、そして株主への利益還元方針はどうするのかが書かれています。

高配当株投資家としては**「配当性向○○%」を目指すなどが書かれていれば要チェック。**企業の中には「業績が悪化しても配当金は維持、または増配します」という「累進配当政策」を掲げている場合もあります。

例えば、三菱商事は2024年の中期経営計画を発表しています。その中で株主還元についても触れており、2024年度まで累進配当を行っていく予定と書かれています。

このように企業のホームページのＩＲページには重要な情報が多いので、しっかりと読み込むと銘柄選定の参考になります。

明確な強みのある企業が良い

世界シェアNo.1の製品を持つ信越科学工業のような明確な強みを持っている企業は利益を出しやすく、企業競争でも生き残れる確率が高くなります。

中期経営計画を読んでおこう

中期経営戦略2024

2024

中期経営戦略 2024
MC Shared Value（共創価値）の創出

2022年5月10日
三菱商事株式会社
社長　中西 勝也

Copyright © 2022 Mitsubishi Corporation

※出典:三菱商事

中期経営計画を出している場合は読んでおきましょう。将来にどのくらいの業績を見込んでいるのか、株主還元はどれくらいを予定しているのかが記載されているので、銘柄選定の参考になります。

⑫ 業種に偏りがないか

一つの業種に絞るのはリスキー

ここまでの①～⑪で優良銘柄を選定したら、あとは「購入！」の前にちょっと待ってください。最後に選定した優良銘柄の「業種」に注目してみましょう。恐らく「情報・通信業」「サービス業」の企業が大半を占めているのではないでしょうか？　それもそのはずで、これらはそもそも企業数が多く、さらに情報・通信業に至っては、設備投資をあまり必要としないため財務優良・高収益な企業が目白押しなので、選定した企業の中に多く入っていると思います。

しかし、それらの企業を全て購入した場合、情報・通信業、サービス業に偏ったポートフォリオとなってしまいます。一つや二つの業種で構成したポートフォリオにはさまざまなリスクがあります。

例えば、何年か後にＩＴ業界が衰退して、情報・通信業に属する企業の業績が軒並み悪化したとします。その場合に、情報・通信業に偏ったポートフォリオを構築していたら、配当金が少なくなってしまうリスクが高まります。

業種を偏らせてしまうと、浮くも、沈むもその業種と一蓮托生となってしまいます。浮ければ良いですが、沈んでしまったら安定した配当金をもらうという目標が一変してしまいます。

業種を分散させておけば、仮に一つの業種の業績が悪化したとしても、他の業種である程度はカバーできます。

2021年9月のポートフォリオ

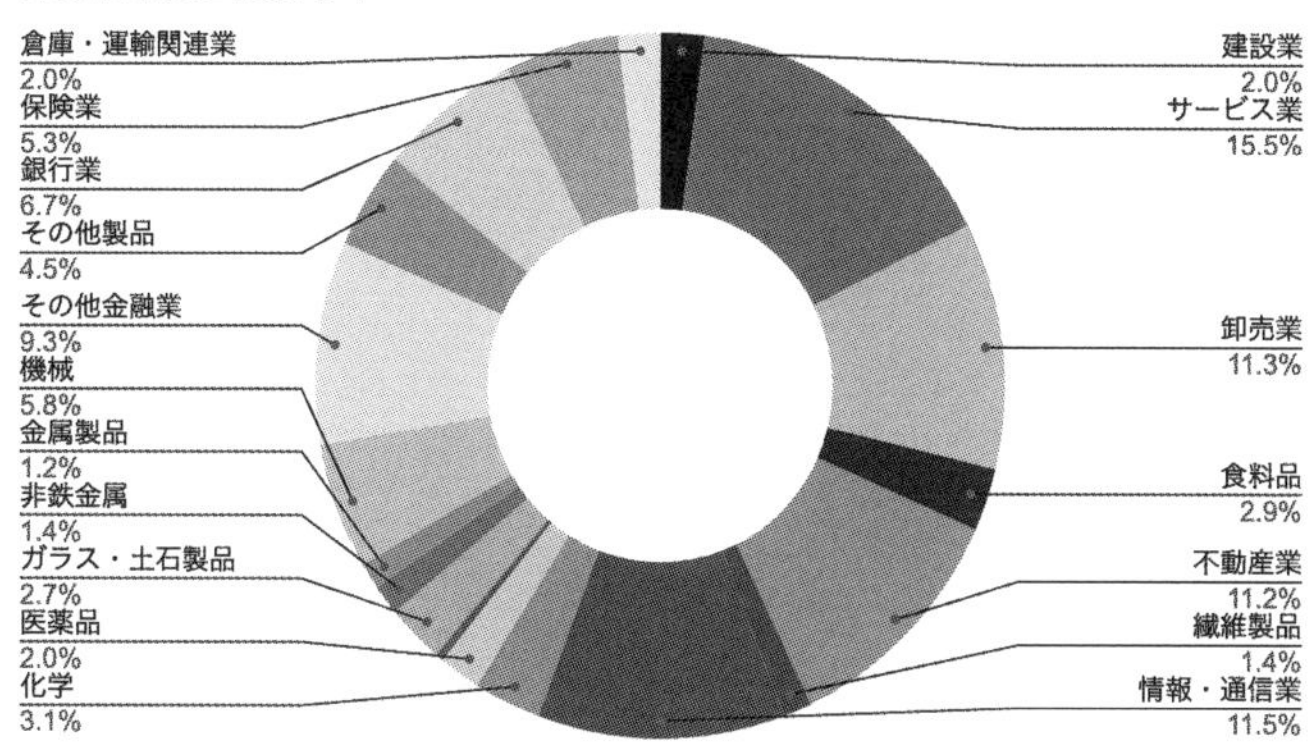

私の2021年のポートフォリオです。18種類の業種で構成されています。サービス業や情報通信業、卸売業の割合が多いですが、安定している不動産業やその他金融業の比率も多くしています。

ポートフォリオを構築しよう

高配当株投資の「安定して配当金をもらい続ける」という前提のためにも、業種を分散させてポートフォリオを組みましょう。日本の株式市場における業種は33業種もあるので選択肢は広いです。

全ての業種を保有する必要はありませんが、50社でポートフォリオを作るのであれば、**15〜20業種程度に分散させておくのがおすすめ**です。

ちなみに、私だったら「これは入れておきたい！」という業種を紹介します。その業種とは、「その他金融業」で、いわゆるリース事業を行っている企業です。

この業界は株主への還元姿勢が高い企業が集まっています。例えば、みずほリースやリコーリースなどのいろいろなリース系の企業がありますが、連続増配企業の中にリース業はトップに何社も入っていて、20年以上連続で増配している企業もあります。

リース業は配当金を増やしつつ、業績も上がっていて、無理なく配当金を増やしている企業が多いので、ポートフォリオのコアにするのがおすすめです。私自身のポートフォリオでもその他金融業の割合がかなり高くなっています。

また、私だったらこの業界はあまりおすすめしない業界も紹介しておきます。それは海運業です。海運業は直近の2022年3月度の業績がものすごく良かったので株式が買われており、全体的に株価が上昇しています。配当に関しても海運業の代表的な企業である日本郵船や商船三井は配当利回りが10%を超えていて、一見すると、業績が良くて配当金も多い優良銘柄と考えられます。

ただし、私はポートフォリオに海運業は入れていません。なぜなら、海運業は配当金が100になることもあれば、0になることもある上下が激しい業界だからです。

そもそも海運株は景気敏感株で、景気の動向によって業績が大きく左右されます。景気が良い時期は配当金の基になる業績も上がるので配当金も増配になりやすいですが、景気が悪い時期は業績が下がるので、減配になりやすいです。そういった銘柄は高配当株投資で前提となる20年、30年くらいの長期スパンで安心して保有できないです。業績が悪い時は配当が出ない可能性が高いので、精神的安心感がないので、私はおすすめしない業界です。

業種が多くなるほど選定も大変になりますが、銘柄選定は投資の醍醐味でもあります。安心して配当金をもらい続けるためにも、一緒に頑張りましょう。

その他金融業の配当利回り上位10社

銘柄名	配当利回り	1株当たり配当	株価
アルヒ	5.89%	60	1,008
ジャックス	5.13%	160	3,980
三菱HCキャピタル	4.81%	28	645
イオンフィナンシャルサービス	4.21%	50	1,292
芙蓉総合リース	4.05%	285	8,410
みずほリース	3.70%	110	3,340
NECキャピタルソリューション	3.56%	74	2,170
クレディセゾン	3.56%	55	1,659
リコーリース	3.55%	120	3,765
オリックス	3.33%	86	2,138.5

※出典:マネックス証券のデータを基に作成
※出典:2023年1月14日時点の数値

その他金融業の配当利回りの上位10社です。5%を上回っている企業もあり、全体的に配当利回りが高めです。

海運株は配当金の上下が激しい

配当推移

9101 日本郵船

9101　2023/01/13
時価　1兆5590億円
PER予　1.51倍
2010年以降　赤字-35.79倍 (2010-2022年)
PBR　0.64倍
2010年以降　0.33-1.26倍 (2010-2022年)
配当予　16.69%
ROE予　42.19%
ROA予　26.15%
資料　有報 大量 適時
Link　IR 決算 業績 四半期 価値 CSV,JSON Y! 株探 みん株

年度	一株配当	配当性向	剰余金の配当	純資産配当率	自社株買い	総還元額	総還元性向
2008/03	-	-	258億	-	5.18億	263億	0.5
2009/03	-	-	307億	-	3億	310億	0.5
2010/03	13.33	赤字	49.1億	-	1.29億	50.4億	赤字
2011/03	36.67	17.29	136億	-	3.47億	139億	17.7
2012/03	13.33	赤字	119億	-	1.4億	120億	赤字
2013/03	13.33	35.9	67.9億	1.1	0.16億	68億	36
2014/03	16.67	25.7	67.8億	1.2	0.41億	68.3億	25.8
2015/03	23.33	24.9	84.8億	1.6	0.38億	85.2億	25
2016/03	20	55.8	153億	1.3	0.3億	153億	56
2017/03	-	赤字	33.9億	-	17.2億	51.1億	赤字
2018/03	10	-	-	0.9	0.23億	0.23億	0.1
2019/03	6.67	赤字	67.8億	0.6	0.13億	68億	赤字
2020/03	13.33	21.7	50.9億	1.4	4.82億	55.7億	23.2
2021/03	66.67	24.3	67.8億	6.2	0.15億	68億	24.3
2022/03	483.33	24.3	644億	20.9	2.31億	647億	24.3
2023/03	*510	-	-	-	-	-	-
年度	一株配当	配当性向	剰余金の配当	純資産配当率	自社株買い	総還元額	総還元性向

※出典:IRバンク

海運業の代表的企業の1社である日本郵船の配当を見ると、2022年3月期を見ると、483円の配当金を出していますが、他の年は10円〜30円台、無配の年もあり、安定していません。

ふむふむ…
色々な指標と判断基準があるんだね

これらには、きちんとした原因と裏付けがあるんだよ！
原因と…裏付け？

業績が良ければ配当金に還元されるし、
企業が将来性のあるビジネスに参入すれば株価が上がったりするよね
パシャ
パシャ
○×会社、○○に参入
株価 値上がり
パシャー
ああ！
確かにニュースでも見るなあ

いわれてみれば…
仮想通貨やFXってその辺りがふわふわしてるかも
自分は付け焼き刃のテクニカル分析だし…

その企業が今
どんなことをしていて、
これから何をするのか
強みは何なのか…
企業を理解する
優良株を見つけやすい！
きちんとした情報から
企業のストーリーを
追っていけば、
初心者でも
かなりの精度で
優良株を見つけることが
できるんだよ！
だから
ゆめみくんも…
…って
どうしたの？
じ…
バクくんって……
どこの企業で
作られてるの？
いや僕は
ロボットじゃな…
めちゃくちゃ
将来性感じる！
ふわふわして
気持ちいいし！
調べて
投資したい!!
ねえどこ!?
企業に
作られてないよ～！

コラム②高配当株投資との出会い

私の投資の価値が大きく変わったのは「コロナショック」の時期でした。ギャンブル的な投資ではさすがに勝てないと、ようやく気付いた私は少し投資から距離をおいていました。そんな時に緊急事態宣言・外出自粛が重なり、家での時間を持て余していた私は、自然と Youtube で投資情報に触れることになります。

「インデックス投資は投資の最適解」「個別株をやるなら企業分析が重要」「優秀な企業を選べば配当金で安定的な収入を得られる」――。始めは半信半疑だった私も、情報を知れば知るほど今までの価値観が間違っていたことに気付かされ、まさに「目から鱗」「衝撃が走る」体験でした。

そこから投資方針を一気に転換。つみたて NISA で S&P500、全世界株式と言った「王道のインデックス投資」を開始。さらに「今の豊かさも重要」と考え、高配当株投資を開始しました。

それまで企業分析など全くしたことのなかった私は、そこから勉強を始め、業績・財務・配当が安定している会社を選び、それらの企業を「割安」のタイミングで購入する方針を確立しました。

「一攫千金」とは程遠い投資方法ですが、安定した配当金を得られるメリットは格別です。「今の豊かさ」を重視しているため、得られた配当金は使うことを心がけています。「食」「旅」が好きなので、少し高めのレストランに行ったり、行ったことのない場所に旅行をすることに配当金を使い「今の豊かさ」も実感することが出来ています。

第 4 章

儲かる人・儲からない人の違い 10 選

①投資の目的が曖昧な人

投資の目的の解像度を上げる

株式投資はあくまでも目的を達成するための「手段」であって、「目的」ではありません。株式投資を始めた目的は「お金を稼ぎたい」「資産を大きくしたい」という人が大半だと思います。「ゲームみたいで楽しそうだから」「取引自体が面白そうだから」という理由で始めた人はおそらく非常に少数でしょう。

株式投資で達成したい目的は人それぞれです。「億り人を目指したい」、「FIREを達成したい」、「自由に使えるお金を増やしたい」、「老後資産を蓄えたい」「たくさんの株主優待が欲しい」と投資家の数だけ目的もあります。そして、目的によって取引の手段も変わってきます。

例えば、億り人を目指したい人なら、将来的に企業が大きく成長し、株価が何倍にも上昇しそうなグロース株への投資が向いています。老後資産を蓄えたいという人なら、長期目線で資産の最大化を狙うインデックス投資を積み立てていく投資が向いています。

株式投資で成功する可能性を高めるためには、まずは自身が何のために株式投資をするのかという目的をハッキリと決め、それを達成するためにはどのような方法を用いるのがベストなのかをしっかりと一致させることが大切です。

目的と手段が一致していない人は、正しい資産形成ができず、「こんなはずではなかった」という結果に陥りやすいです。

目的があって、次に手段がある

・今の生活を豊かにしたい
・目先に使えるお金がほしい

○ 配当金が出続ける、長期的に安定した成熟企業の株を買う

× 確実性は低いけど、うまくいけば何倍にも値上がりする株を買う

投資スタイルは人それぞれの目的に沿ったものであればOK。上のように、もともとあった目的から逸脱するような行動はNG。

投資の目的と手段を一致させる

もし自分の投資目的が曖昧になっているのなら、まずはなんのために投資を始めたのかを振り返り、そしてその目的を達成するためにベストな投資手法を見つけましょう。

私の場合は、「今の生活を豊かにする」という目的で株式投資を行っており、それは配当金をもらうことによって達成できると考えています。

なので、もらえる配当金が大きい高配当銘柄を、配当金が問題なく出続けているのであれば、株価が下がって含み損が出ても気にせずにホールドするという投資手法で取引しています。

②投資手法の特性・メリット・デメリットを理解していない人

どんな手法にも良い部分と悪い部分がある

株式投資にはさまざまな手法があります。そして、それぞれの投資手法には異なる特徴があり、メリット・デメリットが存在します。

例えば、インデックス投資は株価指数との連動を目指すため、長期で見たら右肩上がりを続けているNYダウやSP500と同じ値動きを目指す銘柄を購入すると資産の最大化を狙えます。

ただし、株価指数との連動を目指しているため、株価指数を大きく上方乖離した利益の獲得は不可能です。長期運用が基本で、短期で大きく利益を狙いたい人には向いていない投資方法です。また、インデックス投資は配当金のようなインカムゲインは得られないというデメリットもあります。

一方で、高配当投資は株式を保有している間は配当金を得られます。サラリーマンなら本業の給料に配当金がプラスされるので、収入がアップして自由に使えるお金が増えて現在の生活が少し豊かになります。また、株価が上昇すれば値上がり益も狙えるメリットもあります。

一方で、減配や無配になる可能性があります。特に、減配や無配をした場合は株価が暴落する可能性が高く、無配プラス含み損を抱えるリスクがあります。

また、高配当銘柄は安定した企業が多いため、ベンチャー企業のようにテンバガーとなる可能性は低いです。配当金の受け取りを目的に、値上がり益も狙うスタイルなので、資産の成長スピードは遅く、今すぐに大きく儲けたい人には向いてい

主な投資手法のメリット・デメリット

	特徴	メリット	デメリット
高配当株投資	高配当銘柄を購入し、保有し続けて配当金の獲得を目指す投資方法	株式を保有していたら定期的に収入が入る	減配・無配になる可能性がある。大きな利益は望めない
インデックス投資	特定の指数と同じ値動きをするように運用される投資信託に投資する投資方法	ファンドに取引を任せるので、知識や技術が必要ないので始めやすい	株価指数を超える大きなリターンは望めない
グロース株投資	株価が将来大きく上昇しそうな銘柄に投資する投資方法	大きなリターンを期待できる	すでに割高になっている可能性がある。値動きが大きく、リスクが高め
バリュー株投資	本来の企業価値と比較して、株価が割安になっている銘柄に投資する投資方法	割安のタイミングで買うので、低リスク。配当や株主優待のリターンが大きい	割安のまま株価が上がらない可能性がある

ない投資手法です。

このような投資手法ごとの特性を理解しないまま株式投資を行ってしまうと、長期で保有して値上がりを待つことが基本のインデックス投資なのに値上がりしたからと短期で売却してしまう、配当金を得ることが目的の高配当株投資なのに、資産が増えないからと止めてしまうといった状態になります。最悪の場合、思い描いていた理想とは違うから株式投資自体を止めてしまう人もいるでしょう。

株式投資における本当のリスクとは、「自分が何をやっているのかを理解していない」ことです。まずは自分がどのような目的で株式投資をするのかをしっかりと理解し、その目的を達成するために適した投資手法で取引をしていくのが、こういったリスクを減らす一番の方法です。

③ 暴落に恐怖を覚えてしまう人

暴落は優良銘柄を割安で買えるチャンス

株式市場は常に右肩上がりで動くわけではありません。日経平均株価やNYダウのチャートを見ると分かりますが、上がる時もあれば下がる時もあります。

また、何年かに1回程度の頻度で大暴落が起こることもあります。例えば、2008年に起こったリーマンショックでは、2007年には1万6000円台~1万7000円台で動いていた日経平均が、2009年1月には8000円台まで下落します。単純に計算すると、資産が半減しているので恐ろしい事態です。

しかし、相場は下落しっぱなしではありません。過去の暴落が起こった後のチャートを見てみると、しっかりと回復しています。

2022年12月現在の日経平均株価は2万6000円台です。つまり、暴落時は裏を返せば、大きく儲けられるチャンスなのです。**暴落時は優秀な企業の株が割安で放置されている、いわばバーゲンセール状態**と言ってもよいでしょう。

高配当投資の要(かなめ)は割安かどうかの見極め

特に高配当株投資は、割安になったタイミングで資金を一気に突っ込む投資方法です。私自身は暴落が起きている時は割安で買える銘柄が増えるので、むしろ暴落はチャンスだと考えています。

たしかに急激な勢いで資産が減ってしまうこと

コロナショック前後の日経平均株価の動き

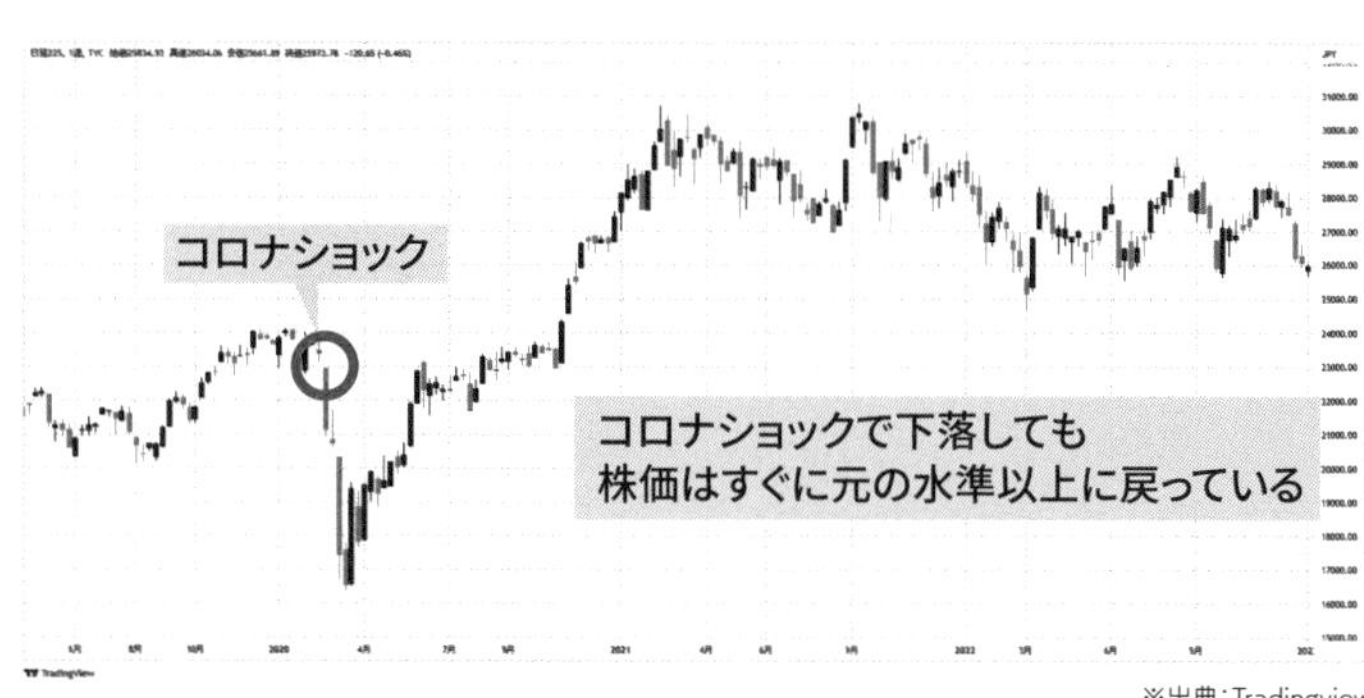
コロナショック
コロナショックで下落しても
株価はすぐに元の水準以上に戻っている

※出典：Tradingview

コロナショック時の日経平均株価チャートを見てみると、2020年2月に2万4000円台から1万6000円台まで暴落していますが、2023年1月には2万6000円台まで上昇しています。暴落時は不安感が強くても、長期で見ると回復していることが多いので、恐れることはありません。

に恐怖を感じてしまう人は多いです。しかし、過去の暴落の歴史を見れば、回復しなかった暴落は1度としてありません。チャンスと捉えられるかどうかで、儲けられるかどうかが決まります。

ただし、投資は余裕資金で行いましょう。もし、生活に使うお金も全てつぎ込んでしまうと、大きな含み損を抱えた時に不安によってメンタルが壊れてしまいます。

私も普段の生活に使うお金とは別の余裕資金の中で投資をすることを心がけています。そうすると、株価はただ証券口座の数値が上がったり、下がったりしているだけで自分の生活には一切影響がないので、安心して長期間ホールドが可能です。

株式投資だけでなく投資全般に言えることですが、自分の精神的に無理のない範囲で投資をするのが大原則です。

④ 投資を「ギャンブル」と考えている人

そもそも投資はギャンブルではない

よく「株式投資はギャンブルでしょ」と言う人がいます。たしかに資金が増える可能性がありますが、資産が減るリスクもあるので、ギャンブルと感じる人もいるでしょう。

しかし、株式投資はギャンブルではありません。リーマンショックのような大暴落が起こることもあるので、運の要素が絡む部分も多少はありますが、運だけで利益を得られるわけではありません。

株式投資の本質は、株主は資金を企業に提供し、企業はその提供された資金を基に業績を上げていき、その謝礼として株主に利益の一部を配当金や株主優待として還元する仕組みです。なので、ギャンブルのように株価が上がれば勝ち、株価が下がれば負けではなく、投資先の企業の業績が上がれば勝ちなのです。

私が行っている高配当投資はまさに投資です。業績が安定していて、配当金をきちんと株主に還元してくれる企業を選んで株式を購入することで、安定した収入を毎年得られています。ギャンブルのように掛け金を取り合うのではなく、投資先の企業が生み出した利益を株主が分け合うのが配当金投資なのです。

しかし、株式投資をしている人の中にも、ギャンブル感覚で取引している人はいます。上手くいけば利益が何倍にもなるけど、失敗したら大きな損を出してしまうような値動きをしている銘柄の売買を繰り返して利益を獲得しようとしている、いわゆる投機目的の投資家は多いです。

投資と投機、ギャンブルの違い

	特徴	例
投資	自己資金を投じて将来的な利益を得ることを目的とする行為。資金を投じた人全員が利益を得られる可能性がある一方で、短期で利益を得られる可能性は低い	株式投資、債券 投資信託
投機	相場の価格変動を利用して、売買益を得ることを目的とする行為。短期で利益を稼げる可能性があるが、タイミングが悪いと資金が大きく減る可能性がある	FX、仮想通貨 先物取引
ギャンブル	金銭や品物などを賭けて勝負を争う。主なメリットは一攫千金が狙え、娯楽として楽しめる。ただし、負けたら資金や品物は得られないし、投じた資金が無くなるデメリットがある	宝くじ、競馬 ボートレース

たしかに株価の値動きが激しく、1年で株価が10倍になるような企業に投資して儲けられる人もいます。そういう一握りの人は、大抵企業分析やチャート分析を人の何十倍もして、自分なりに「この会社の株価は上昇するだろう」という根拠を導きだしています。決して、ギャンブル感覚だけで取引しているわけではありません。

私自身、今の高配当投資にたどり着くまではボラティリティが高い銘柄ばかりをギャンブル的に買っていました。しかし、結果は全く振るわず、大きな損失を出しました。

そのような経験もあり、一攫千金を狙うギャンブル的な投資をするのではなく、長期目線でコツコツと資産形成を行っていく方が何十年後かを見たときに資産が増えていると思います。

⑤リスクが怖くて投資が始められない人

複利効果で利益を最大化する

株式投資、特にインデックス投資は早く始めれば始めるほど「複利効果」が効いてくるため、大きなリターンを得られる可能性が高くなります。本書は「高配当株投資」の本だが、複利効果を得やすいのは「インデックス投資」です。

複利効果とは、投資で得た利益を元本にプラスして投資していくことで、よく雪だるまに例えられます。

最初に転がす雪玉を元本、雪玉を転がしたときにくっつく雪が複利とイメージすると分かりやすいです。雪玉を転がせば転がすほど雪だるまは大きくなりますが、投資も同じで、運用で得た利益をプラスしていくことで、利益も大きくなります。

例えば、100万円で投資を始め、1年後ごとの利益が3%と考えると、1年目は3万円の利益となります。

そして、2年目はこの運用で得た3万円を100万円に足して103万円で投資します。そうすると、3万9000円の利益が出ます。そして、3年目は3万9000円を103万円に足して投資をします。これが「複利効果」で、運用が長期になればなるほど、リターンを期待できます。

この「複利効果」を得やすいのは「インデックス投資」ですが、高配当株投資でも実感をすることが出来ます。私自身は配当金を「使う」ことを大切にしていますが、受け取った配当金を「再投資」するこで「複利効果」を実感できます。

受け取った配当金を再投資に回し、高配当銘柄

単利と複利の違い

単利

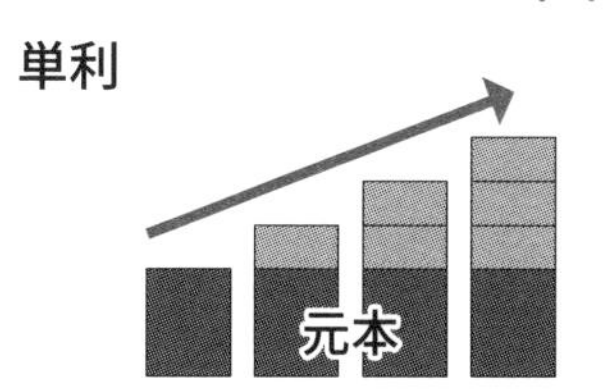

常に元本に対して利息がつく（一定）

複利

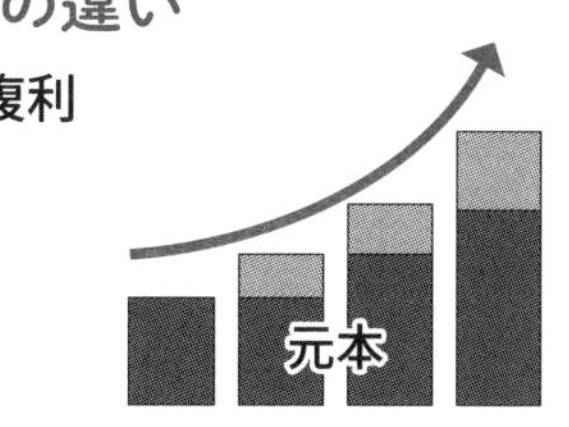

利息が元本に加算され、次の利息がつく

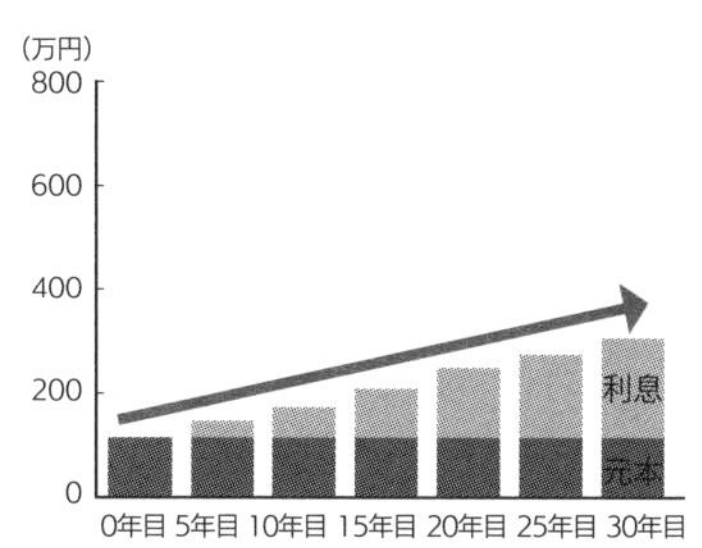

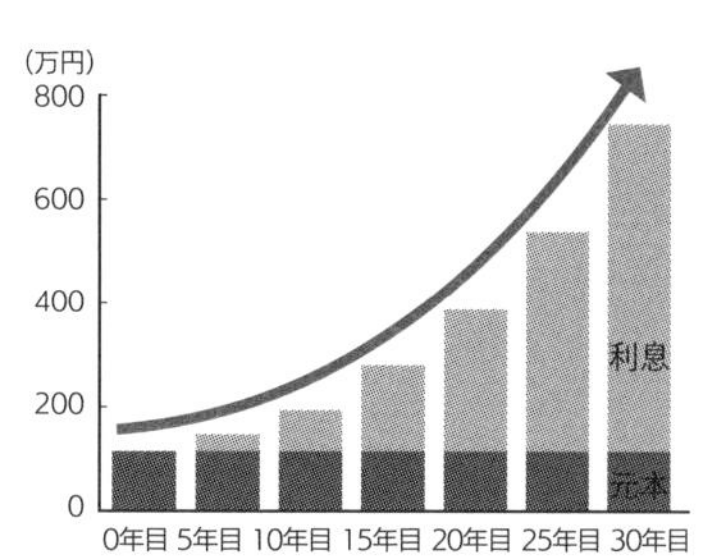

を買い増しすることで、より大きな配当金を受け取り、さらに高配当銘柄を買い増ししていくというサイクルを繰り返すことで、長期で見たときに大きな利益を獲得できている可能性が高いということです。

「株式投資は損することもあるから怖い」と株式投資のリスクばかりを気にして、なかなか株式投資を始められない人は、リターンを得ることもできないでしょう。

高配当投資ではなくても、株式投資自体は10万で購入できる銘柄もあります。始め方も証券会社に口座を開設すれば取引が可能なので、複雑な手続きは必要ありません。

もし「株式投資をやってみたいな」と思っているなら、まずはチャレンジしてみると良い経験ができると思います。

⑥ 判断を他人に任せる人

最後は自分の分析と判断で決定する

昨今では、SNSで自身の投資手法やポートフォリオを発信している投資系インフルエンサーが非常に多くなっています。

参考になる内容もありますが、中には間違っている情報を発信している人や、「この人信用できるの?」と思うような人もいます。

取引の一つの参考にするだけなら良いのですが、彼らの発信している情報を全て鵜呑みにし、絶賛している銘柄をそのまま購入してしまう人もいますが、そのような人は投資で稼げるようになるのは難しいと思います。

そもそも、その投資系YouTuberの発言が正しいかどうかは分からないですよね。正しい情報を発信していると思っていたら実は間違っていたという場合もあります。また、悪意を持って恣意的な情報を発信し、情報商材の販売や投資スクールへの勧誘を目的にしている、もしくは買い煽りをしている場合もあります。

買い煽りとは、自身がすでに保有している銘柄について買いたくなるように情報を流し、自身は株価が上がったところで売って利益を出そうとする方法です。投資系YouTuberが絶賛している銘柄を購入したらすぐに下落してしまい、損を出してしまったというケースもあります。

また、「有名な人だから」「フォロワーが多いから」という理由で信用するのも危険です。その有名な人やフォロワーが多い人が正しいという根拠もないですよね。

自分の中に明確な基準を持つことが重要

株式投資で重要なのは、「なぜその株を買うのか？」「どういうシナリオを想定しているのか？」「どんなときにその株を売るのか？」と、取引する根拠を自分なりに考えることです。

これらを自分で決められずに、人任せにしてしまうと、いざという時に判断できずに損を出してしまいます。

ちなみに、私もこの本やYouTubeチャンネルでお勧めの銘柄を紹介していますが、「ここまで言っている人が紹介しているので良い銘柄だろう」と安易に購入してはいけません。株式市場は常に動いており、銘柄の状態も株式市場の動きに合わせて常に変化しています。

私が紹介している銘柄も分析した時点は割安でしたが、今も割安状態が続いているかは分かりません。何も考えずに購入してしまうと、実は今は割高だったという場合もあるので危険です。

まずは、私がなぜその銘柄をお勧めしているのかをきちんと理解しましょう。そして、そのお勧めしている条件が今も同じかどうかを自身で改めて分析してください。そして、分析した結果、「これは買いだ！」と納得できたら購入するようにしてください。

「株式投資は自己責任」という言葉があるように、取引における責任は全て自分自身にあります。株式投資をはじめ、投資では自己判断できない人はＮＧです。

⑦ 我慢ができない人

暴落しても我慢して保有を続けることが大切

株式投資は我慢が必要なシーンがたくさんあります。株式を買う時、保有している時、売る時とほぼ全てにおいて我慢の連続です。

例えば、企業分析をしていて「この企業は業績も良好で、事業内容的に将来に期待できる」という優良企業を見つけたとしても、すぐに飛びついて買ってしまってはいけません。指標や価格で今が割安かどうかを確認し、今が割安だと判断できてから買いましょう。

高配当投資の場合は株価が下落しても保有を続けますが、その場合は含み損となっている状態に耐え続ける必要があります。

含み損生活はストレスが溜まります。これ以上株価が下落して損失がさらに膨らんでしまわないか、本当に株価が上昇するのだろうかと不安を抱えたまま過ごすことになってしまいます。

最終的には不安から、株価が上昇するまで我慢できずに損切りしてしまい、損切りした後に株価が上昇して後悔するのは株式投資あるあるです。

無事に割安のポイントで買ったとしても、その後の保有している間も我慢が必要です。先ほども説明しましたが、保有中に株価が下落して含み損を抱えるのはとてもよくあります。

特に高配当投資のような、長期保有を前提にした投資手法になればなるほど、リーマンショックやコロナショックのような暴落によって一時的な含み損を抱える時期は必ずあります。

含み損を抱えた状態は精神的に非常に辛いで

株価はいったん暴落してもいつかは戻る…はず

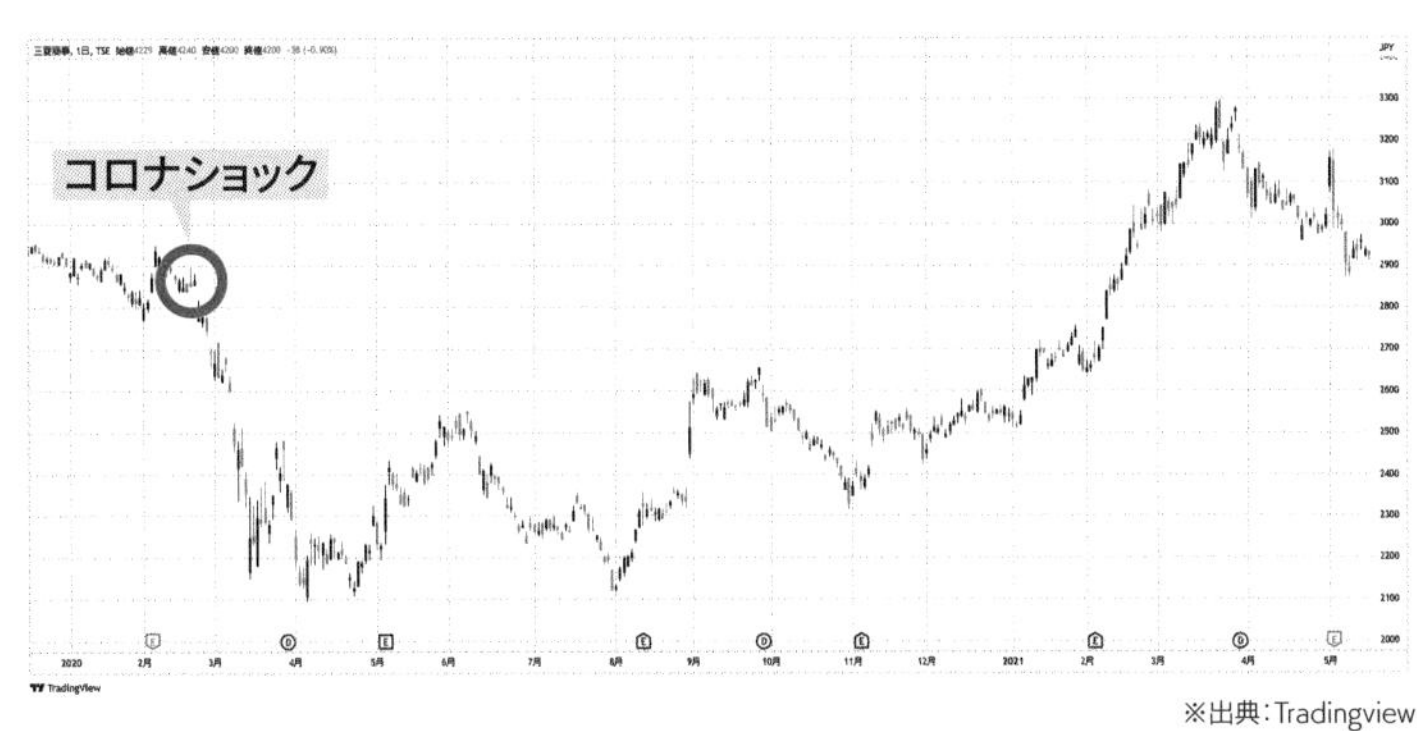

※出典：Tradingview

これは私がおすすめしている高配当銘柄の三菱商事のチャートです。コロナショックで大きく下落していますが、1年後にはコロナショック前の水準に戻しています。大暴落が起きても問題なく配当金が分配されるなら我慢して保有を続けましょう。

す。ですが、高配当投資は配当金を狙う投資手法です。株価が暴落し、含み損を抱えたとしても、配当金をもらえるなら、売りたい気持ちを我慢してホールドしておかなければいけません。

株価は長期的にはいずれ回復するはずです。長期投資に暴落はつきものだと考え、大暴落が来ても狼狽売りするのではなく、じっと我慢しましょう。

ただし、〇〇ショックのような暴落時は経済状況が悪化している可能性が高いため、減配や無配になる可能性もあります。

そのような経済危機においても、減配・無配に転落しないような、安心して保有できる銘柄をしっかりと見極めることが大切になってきます。過去の〇〇ショックの時期の配当金の推移を確認し、安心して保有できる銘柄を選定しましょう。

⑧ 自己ルールがない人

行動や判断の基準はあらかじめ決めておこう

株式投資ではどのように行動するのか判断を求められる機会が多く、その全てにおいて自身の責任において判断する必要があります。

例えば、どんな企業を選ぶのか、どのくらいの期間を目安に保有するのか、投資資金はどのくらいか、どのタイミングで購入するのか、いつのタイミングで売却するのか……などを自分自身の考えで判断して行動しなければいけません。そして、これらの判断基準には１００％正解というものはありません。

企業分析をして「これは絶対に上がる」と自信がある銘柄を実際に買ったら、１週間後には下落して塩漬けになってしまったケースはよくあります。

また、書籍やネットなどで、有名なブロガーやアナリストが「このような場面ではこうした方が良い」と説明していたので信用したけど、実際にそうしたら失敗して損失を被ってしまったケースもありがちです。

人間のメンタルは弱く、想定外のことが起きたときに焦ってしまい、後になって「なんでこんな判断をしてしまったんだろう……」と後悔する人も多いと思います。特に株式投資では自分の資産がかかっているため、少しの値動きで一喜一憂しがちです。

だからこそ、**自分を見失わないように自分なりの目安やルールを設けておくことをお勧めします。**

明確で必ず守れるルールを設定しておこう

たくさんの情報があり…

**うまくいくこともあれば
失敗することもあるからこそ…**

・想定していないニュースで暴落した
・為替の影響で下落した

マイルールはとても大事！

・配当利回りが4%以上でなければ買わない
・暴落しても減配か無配になるまではホールド

例えば、「営業利益率が10％未満の企業は買わない」、「配当利回りが４％以上でないと買わない」、「大きく下落しても配当金が減配もしくは無配にならなければ売らない」など、取引に関するルールや売買の目安を決めておくと判断が楽になります。

そして、**決めたルールや目安はきちんと守りましょう。**「ルールで決めたことと違うけど、まあ良いか」という気持ちで取引してしまうと、だんだんとルールが曖昧になっていき、最終的に適当な取引をしてしまうことに繋がります。

どんな状況でも自分のルールや目安に沿って機械的に取引ができる人が勝っている投資家に共通した特徴です。

ちなみに私が決めているルールですが、不正会計などのコンプライアンス違反をした企業の株式はどんなに業績が良くても売るようにしています。

そもそも不正会計をしてしまうような企業はコンプライアンスを軽視しているような企業体質だと思うので、今後も違反をしてしまう可能性があります。

たとえ、不正会計後に復調して業績が大きく伸びた、配当金が良いというメリットがあっても基本的に再投資はしないです。

そもそも企業が株主の期待を裏切ったのですから、株主として信用できない企業には出資をしないのは当然のことだと思います。

⑨ リターンこそ全てと考えている人

大きなリターンを狙うことが全てではない

投資の目的は人それぞれです。一攫千金を狙う人もいれば、老後の資産を形成したい人、日常で自由に使えるお金を増やしたい人、株主優待をもらいたい人とさまざまな理由で株式投資を始めます。そして、目的を達成するために選ぶべき投資手法も人それぞれです。

日常で自由に使えるお金を増やしたいなら、配当金を狙う高配当投資が良いでしょう。株主優待をもらいたいなら自分が欲しい優待品をもらえる銘柄を買う等、千差万別です。

それなのに「高配当株投資なんて非効率。将来の資産拡大を狙うならインデックス投資一択でしょ！」や「いやいや、インデックス投資といっても、お金持ちになるのは数十年後。リターンを狙うならグロース株への一括投資でしょ」と資産を増やすことが第一という人もいます。

たしかに、資産を増やしたいから株式投資を始めた人は多いと思います。しかし、投資はあくまでも目的達成のための手段であって、資産を増やすことだけが投資ではありません。

投資は「リターンが全て」という人は最初は普通に余剰資金で取引して、それなりの利益を獲得できるかもしれません。しかし、そのうちに「一回のトレードで今よりもさらに大きなリターンを得たい」と考えるようになり、無理な取引をしてしまうようになります。

ありがちなのが、余剰資金だけではなく、生活費や学費などの使ってはいけないお金も合わせ

2020～2021年の累積配当金の推移

受け取り月	税引き後配当金	累積配当金
2020-6月	18,523	18,523
2020-7月	2,681	21,205
2020-8月	854	22,058
2020-9月	25,177	47,235
2020-10月	3,019	50,254
2020-11月	6,584	56,838
2020-12月	60,769	117,607
2021-1月	6,709	124,317
2021-3月	33,908	158,224
2021-4月	6,304	164,528
2021-5月	2,202	166,730
2021-6月	60,664	227,394
2021-8月	2,215	229,609
2021-9月	29,109	258,719
2021-10月	5,606	264,324

2020年～2021年に受け取った配当金の推移です。一攫千金のような大儲けはできませんが、「配当金で自分の生活を豊かにする」という目的があるので、いつもよりちょっと豪華な生活を楽しむために使っています。

て、値動きが激しい銘柄に全資産をつぎ込んで一か八かのギャンブルをし始めることです。

私自身は、配当金で今を豊かにしたいという目標があるからこそ、高配当株投資をしています。グロース株投資やインデックス投資よりもリターンが低いことはもちろん承知です。

株式投資は銘柄を買ったら絶対に上がるとは限りません。何週間や何か月も待ってようやく含み益となる場合もあります。

日常を豊かにするために自由に使えるお金を増やしたいからこそ、売買益を狙って頻繁に取引するよりも、年に1～2回の確実に配られる配当金を狙う方が効率が良いので高配当投資を行っています。

株式投資でリターンを狙うことも良いですが、目先のリターンが全てではありません。自分の目標に応じた投資をすることが大切です。

⑩ 勉強をしない人

安定して勝つためには勉強を続ける

株式投資をしている人の中には「なんとなくお金が増やせそうだから」と始め、知識を身につけないまま続けている人もいると思います。

始めたばかりは知識がなくてもそれほど問題はありませんが、そこから安定して勝つには知識が必要になります。そして、そのためには勉強する必要があります。

勉強といっても、毎日チャートに張り付いて相場の動きを見る、上場企業全ての企業決算を読む、各国の中央銀行総裁の会見や米国の雇用統計発表をリアルタイムで監視するみたいなことは必要ありません。

必要なのは景気状態や社会情勢、為替相場の動向を見る、投資指標を覚える、投資における税金の仕組み、過去の暴落時の動きを知る、著名投資家が書いた書籍を読むなどです。

投資の勉強をすることで、優良な銘柄を選定しやすくなり今後の投資方針の幅が広がる、精神・メンタルが鍛えられて相場に対して落ち着いて臨めるといったメリットがあります。

例えば、初心者の時はＥＰＳやＰＥＲ、ＰＢＲのような指標を知らなかったけど、使い方を勉強したら割安銘柄を発見しやすくなった、日経平均が動く理由が分からなかったけど、米国の株価の影響を受けやすいと知ったからＮＹダウの動きも見るようになったなど、初心者の時とは違う発見が出てきます。

勉強すれば必ず勝てるようになるわけではあり

ませんが、勉強をすればするほど相場の知識や分析の幅も広がり、場面ごとに有効な手段を構築できるので、リターンを得られる確率は上がります。

私自身は「リベラルアーツ大学」というYouTubeチャンネルの動画で今の高配当投資を学びました。「リベラルアーツ大学」はブログもやっており、投資や副業といったお金に関する記事が配信されています。

また、有名な株式に関する書籍もいくつか読みました。その中でも、経済学者のジェレミー・シーゲル氏が書かれた『株式投資の未来』（日経ＢＰ）は歴史的な名著であり、特に高配当投資をやりたい人にはお勧めです。

また、リベラルアーツ大学が書いた本『本当の自由を手に入れるお金の大学』（朝日新聞出版）も高配当投資を学びたいなら読んでみると良いでしょう。

YouTubeの投資系動画も玉石混交ですが、有名どころの動画は参考として見ておいた方が良いと思います。

個人的には、日経新聞の元記者である後藤達也さんの動画は、時事的な経済ニュースを分かりやすく発信しています。

なお、私もYouTubeチャンネルで高配当投資に関する動画を発信しています。この本の内容を補完する部分もあるので、本を読んで高配当投資に興味を持った人や株式投資を勉強したい人はぜひ参考にしてみてください。

第5章

墓場まで持って行きたい銘柄10選

①情報通信業　ＫＤＤＩ

20期連続増配中！　還元に積極的な大企業

まず、私がお勧めする高配当企業はＫＤＤＩです。ＫＤＤＩは、ＮＴＴに次ぐ国内2位の情報通信会社です。

まず注目したい点は時価総額が約10兆円と、日本を代表する超巨大企業でありながら、過去13年間において売上高が右肩上がりを続けています。営業利益率も20％近くで推移しており、安定した成熟企業でありながら、非常に高い収益力を持っている優良企業です。

そして、ＫＤＤＩは株主還元に積極的です。直近の２０２２年3月期は前期比5円増の１２５円の配当金を出しており、10年以上の長期に渡って、配当金を増やし続けていることが魅力です。２０２３年3月期には前期比10円増の１３５円の配当を予定しているなど、今後の配当も伸びていく可能性は高いと判断できます。配当性向は約42％と、一般的な目安の30％からするとやや高めですが、利益をしっかりと稼いでいるため、心配する必要はないでしょう。

また、株主優待も提供しています。１００株以上の保有で３０００円相当、１０００株以上で５０００円相当の「ａｕＰＡＹ マーケット」商品カタログギフトがもらえます。

連続増配中の配当金＋株主優待を期待できるので、高配当株投資をしたい人にはうってつけの銘柄と言えます。

KDDI

コード	9433
業種	情報・通信業
時価総額	9.18兆円

企業概要	総合通信会社。携帯「au」ブランド主体にライフデザイン事業。パートナー企業と連携。(株探より)

PER	PBR	配当利回り	ROE	自己資本比率
12.82	1.71	3.39%	12.39%	45%

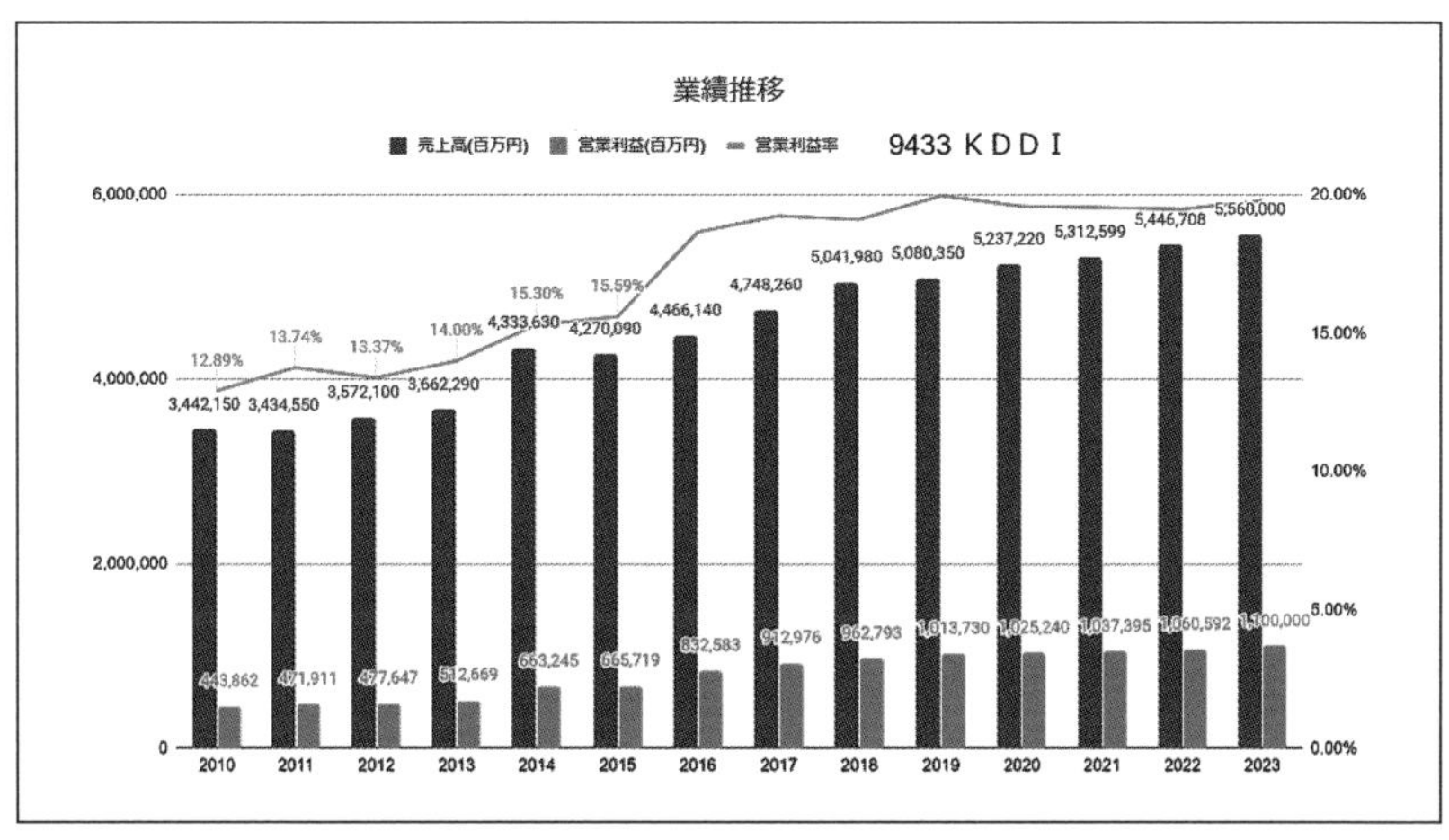

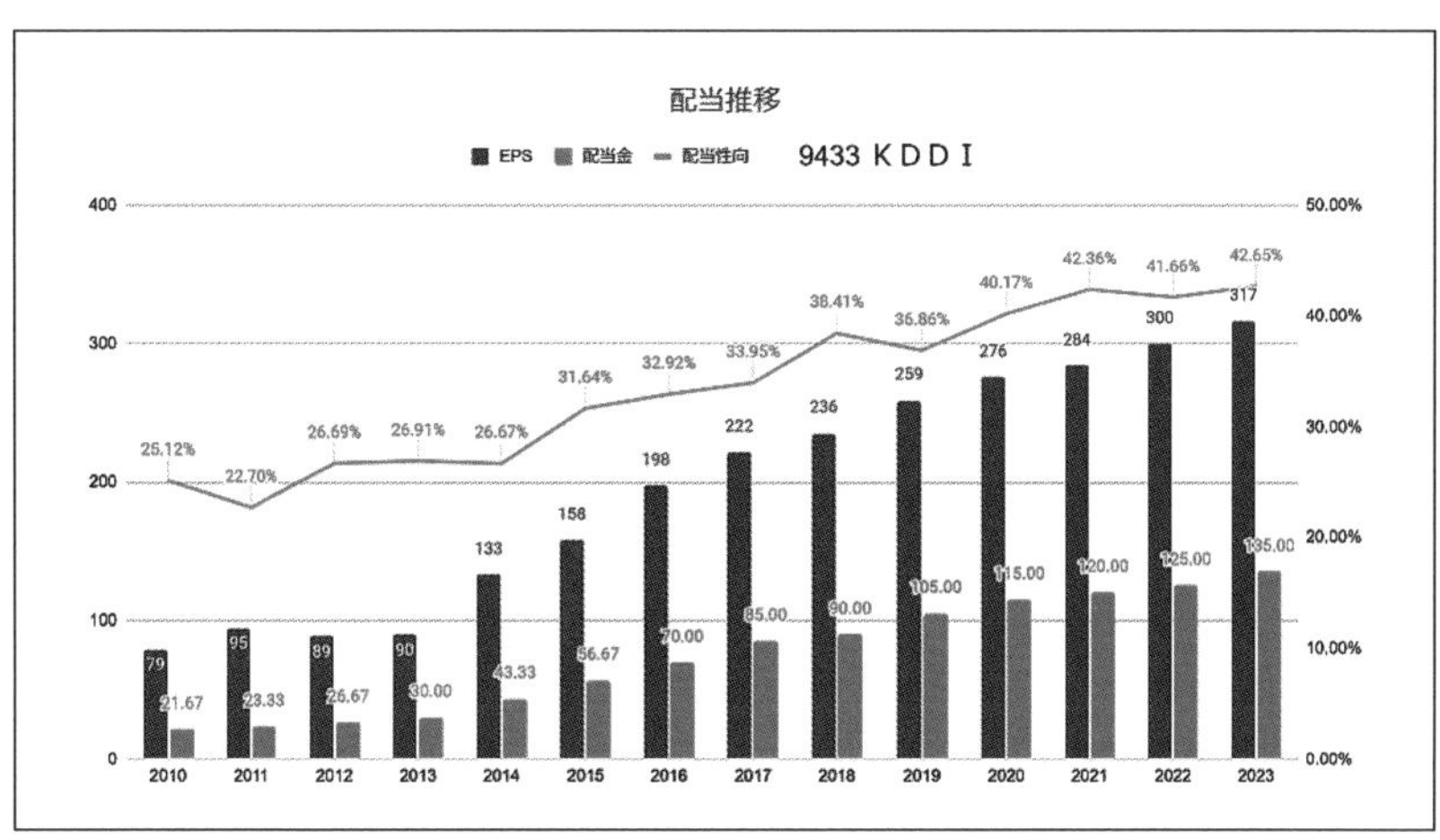

※この情報は2023年1月23日時点のものです。

② 金融業　三井住友フィナンシャルグループ

「累進配当」方針を掲げているメガバンク

三井住友フィナンシャルグループは、三菱ＵＦＪフィナンシャル・グループ、みずほフィナンシャルグループと並ぶ、3大メガバンクの一角です。

銀行業は景気の影響を受けやすく、過去10年の業績推移を見ると、２０１０年から右肩上がりを続けていましたが、２０２０年のコロナショック以降の売上高は落ち込んでいます。一方で、配当金に関しては右肩上がりになっています。

同社の特徴は、「累進配当」政策を取っていること。「累進配当」とは、減配せずに配当金を維持、もしくは増配する配当方針です。そのため、配当金は将来的にも減配をせず、維持・増配を期待できる銘柄です。

配当性向は約40％で、同社のＩＲページにある「株主還元方針・配当情報」で「配当性向は２０２２年度までに40％を目指してまいります」と記載されていることから、方針通りと言えます。

一方、２０２３年1月現在、将来的に日銀が金融緩和を縮小する可能性が出てきています。それに伴って、メガバンクをはじめとする金融銘柄の株価が上昇傾向を見せてきており、今後は配当利回りが落ちてしまう可能性が高くなっています。

実際に、２０２２年3月期の配当利回りは５％を超えていましたが、２０２３年1月時点の計算だと配当利回りは4・93％と5％を切っています。高配当が魅力の銘柄であるため、配当利回りが5・5％以上の時に保有しておきたい銘柄です。

三井住友フィナンシャルグループ

コード	8316
業種	銀行業
時価総額	6.41兆円

企業概要	傘下に三井住友銀、SMBC日興証券等。収益力は大手銀行グループで首位級。(株探より)

PER	PBR	配当利回り	ROE	自己資本比率
8.12	0.5	4.93%	4.31%	5%

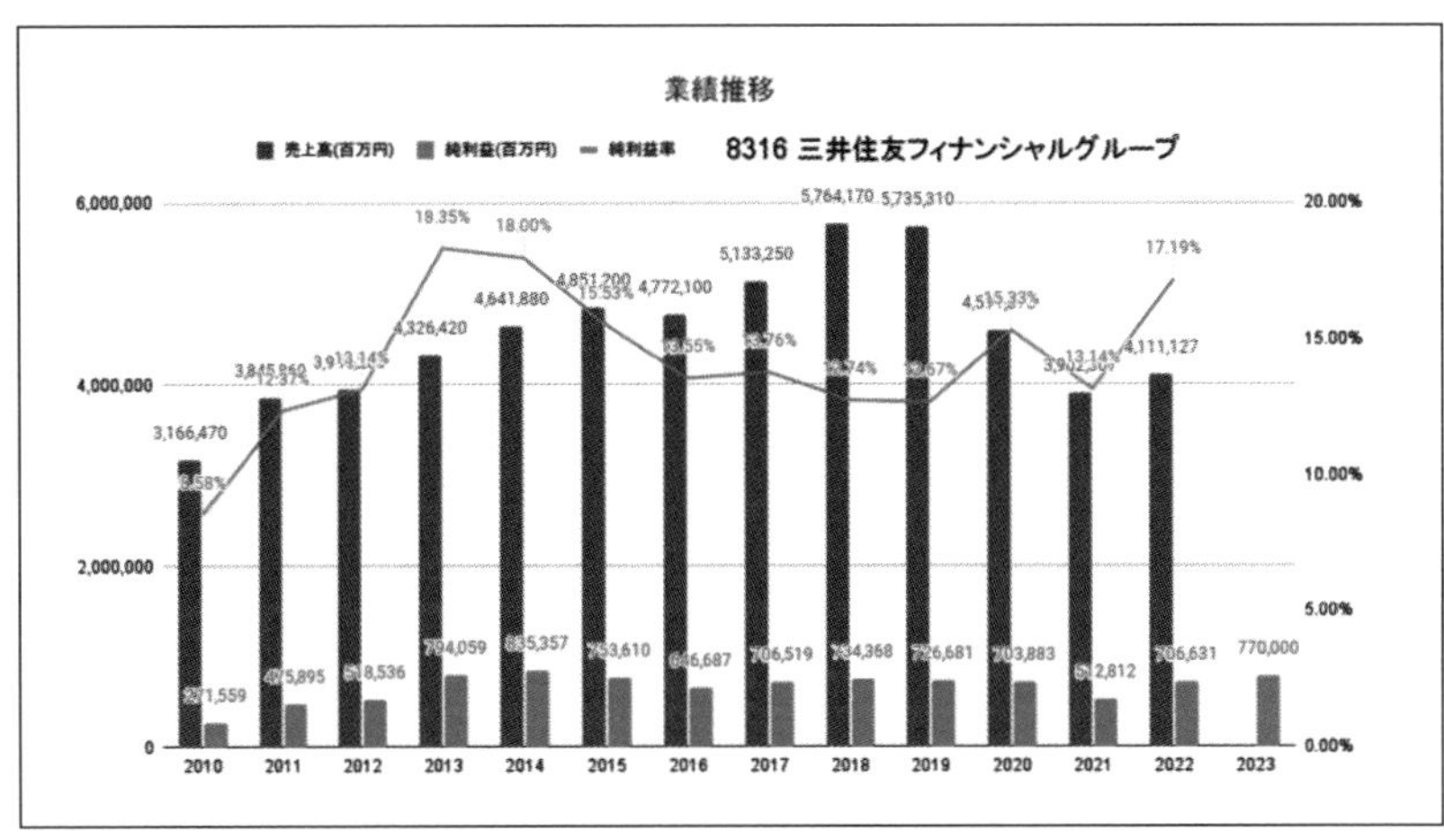

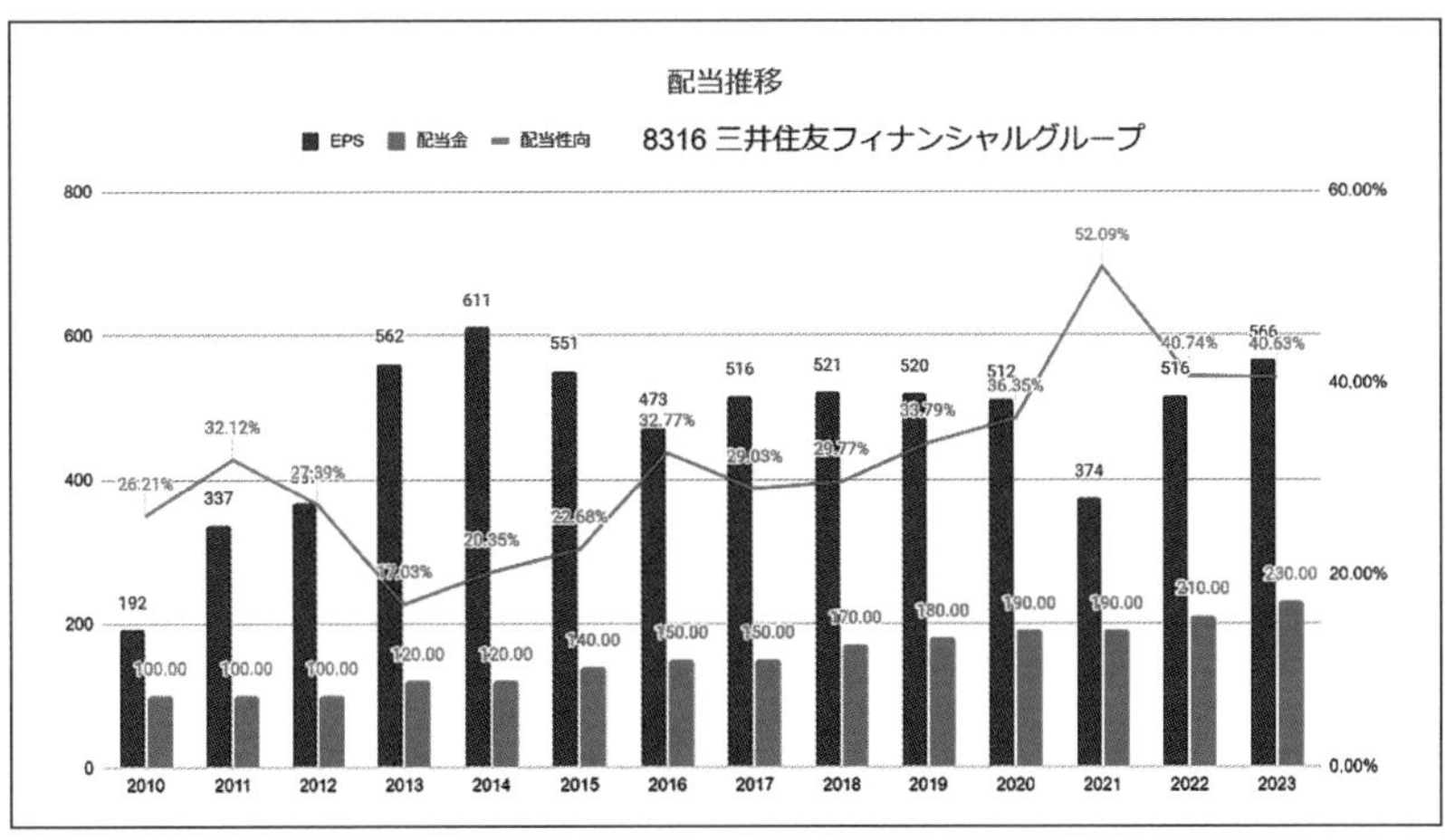

※この情報は2023年1月23日時点のものです。

③ 保険業　東京海上ホールディングス

売上高が堅調。高い増配率も魅力

東京海上ホールディングスは、MS&ADインシュアランスグループ、SOMPOホールディングスグループと並びメガ損保と呼ばれています。

過去10年の売上高を見ても堅調に推移しており、景気動向に左右されにくいディフェンシブ銘柄の代表的な存在となっています。

配当金も増配傾向にあり、2013年3月期の55円からは安定して配当金の額が増えています。直近の2022年3月期は255円と、2013年3月期から200円も増配されています。

東京海上ホールディングスは株主還元にも積極的な企業として知られており、2021年にはコロナ影響で利益が一時的に大きく減っているものの、配当金は維持をしてくれています。

現在の配当利回りは3・54%です。コロナショック時5%中盤まで急騰しましたが、それ以降は4%〜4・5%で推移していたので、今は利回りが少し低くなっています。私の購入目安としては、4・5%に設定しているので、株価が下落するまで待ちたいと考えています。

株価は2020年3月のコロナショック時に一時的に1400円台まで下落しましたが、2023年1月10日現在は2700円まで上昇しています。

業績の調子は良く、配当金も増配傾向にあるため、今後株価が下がるかは不明ですが、チャンスが来た時には購入していきたいと思います。

東京海上ホールディングス

コード	8766
業種	保険業
時価総額	5.77兆円

企業概要	損保で首位級。東京海上日動を主体に生保、金融。海外保険事業を拡大。(株探より)

PER	PBR	配当利回り	ROE	自己資本比率
15.3	1.54	3.54%	4.35%	15%

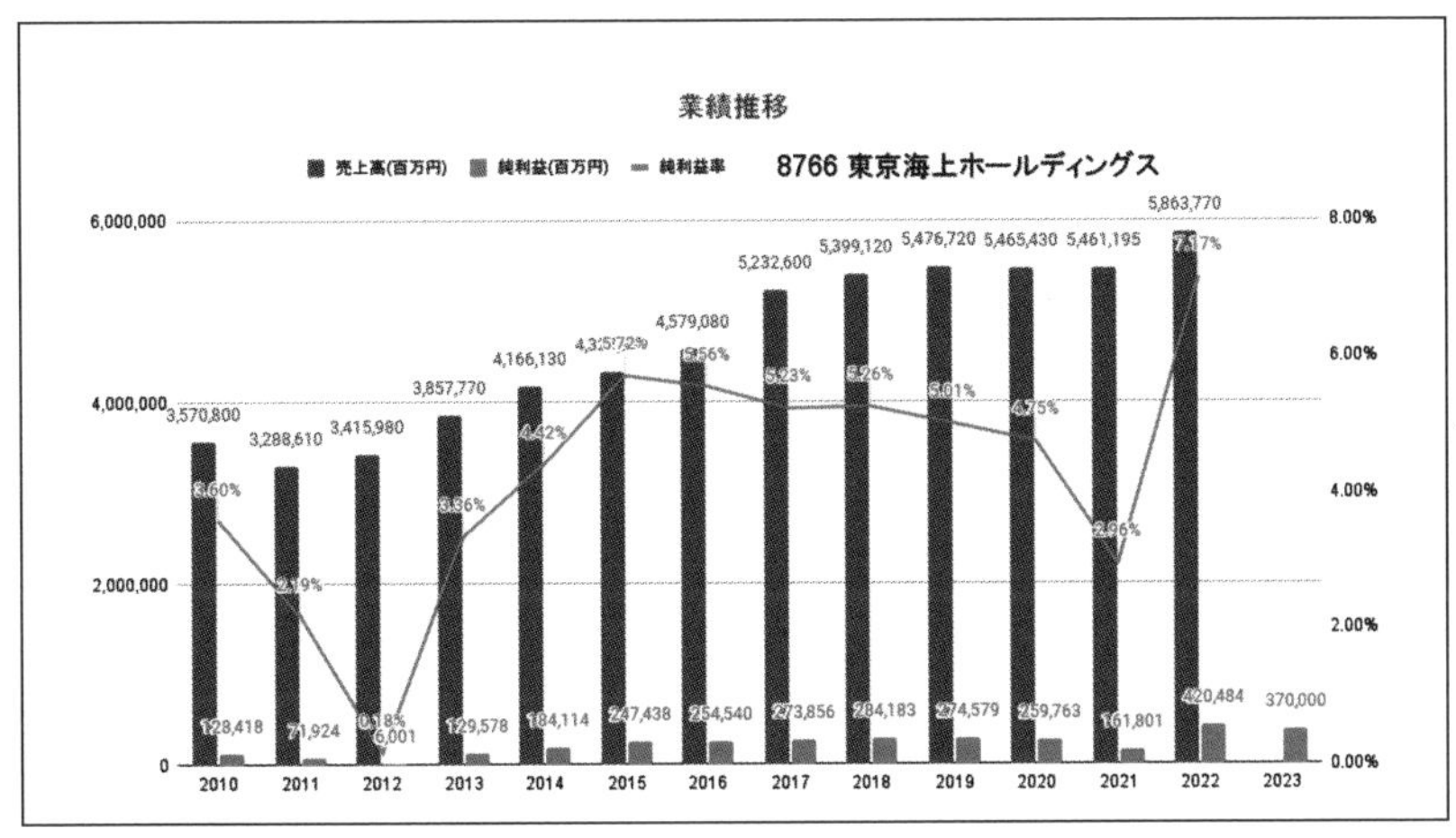

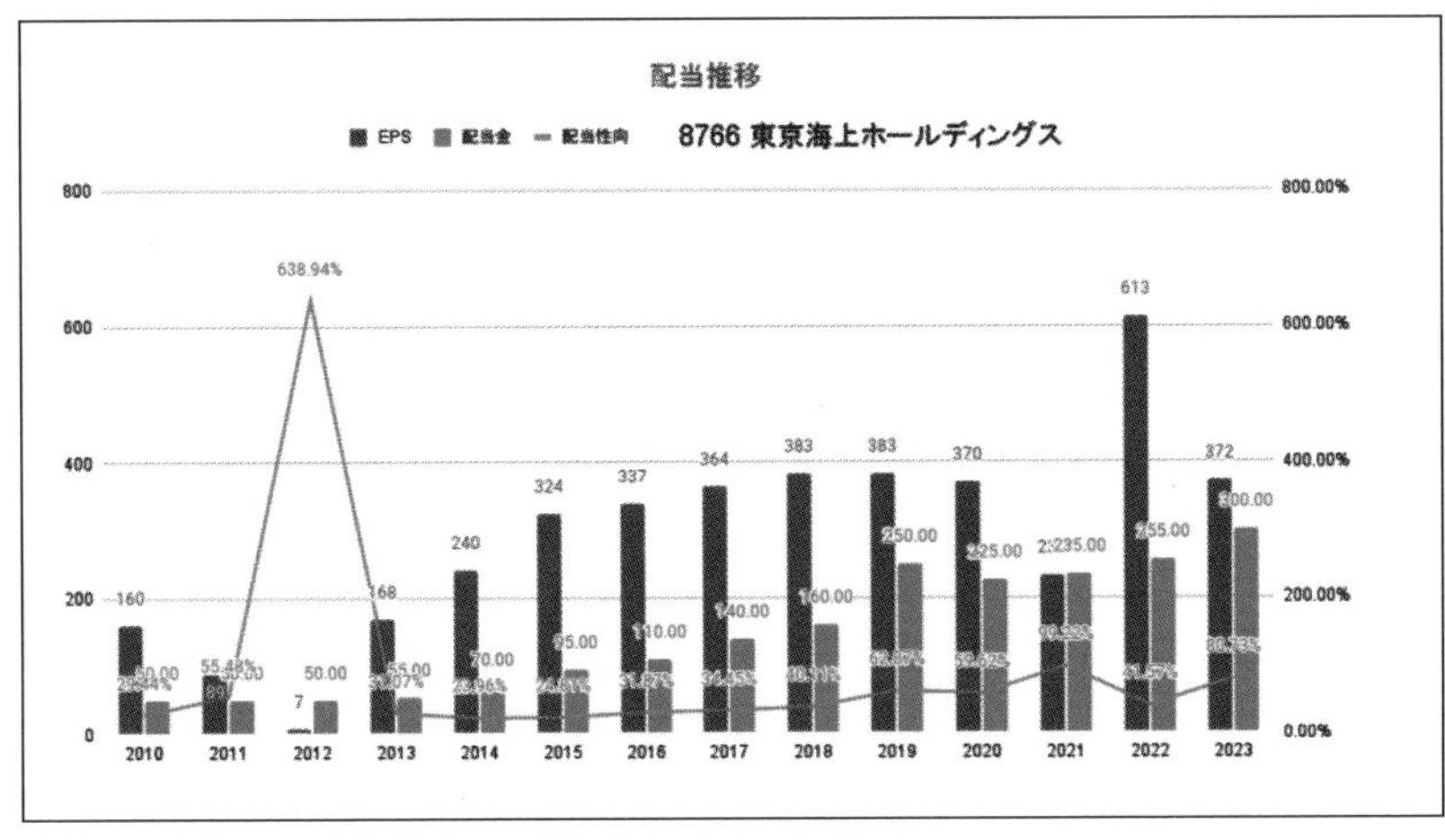

※この情報は2023年1月23日時点のものです。

④ 卸売業　三菱商事

累進配当を掲げる三菱グループの中核企業

総合商社という業種上、景気変動の影響を受けやすい企業で、２０２０年のコロナショックの影響で２０２１年３月期は業績をかなり落としましたが、２０２２年４月期は過去最高益を叩き出すほどの絶好調となりました。

配当推移を見ると、２０１０年３月期～２０１６年３月期にかけては増配と減配を繰り返していましたが、２０１７年３月期からは右肩上がりで配当金が増えています。２０２２年度に発表された「中期経営戦略２０２４」で「累進配当を基本方針とする」との方針を掲げており、少なくとも２０２４年度までは減配リスクが少ないと考えられます。

実際に、２０１８年に発表された「中期経営戦略２０２１」でも「累進配当」の方針を掲げており、その後の新型コロナウイルスの影響を受けて業績が悪化してい時期も減配せずにしっかりと前年と同じ水準の配当金を出している実績があるため、信頼できます。

株価を見てみると、２０２３年１月10日時点では４２３６円です。ＰＥＲを一般的に割安の目安とされる15倍を大きく下回る６・12、ＰＢＲも目安とされる１倍を下回る０・81と、投資指標的にはまだまだ割安圏内にいると判断できます。そのため、配当金はもちろん、値上がり益も期待できる一石二鳥の銘柄だと思います。

三菱商事

コード	8058
業種	卸売業
時価総額	6.48兆円

企業概要	三菱グループ中核で総合商社大手。エネルギー関連に強み。機械、化学や食品も。(株探より)

PER	PBR	配当利回り	ROE	自己資本比率
6.12	0.81	3.52%	2.64%	31%

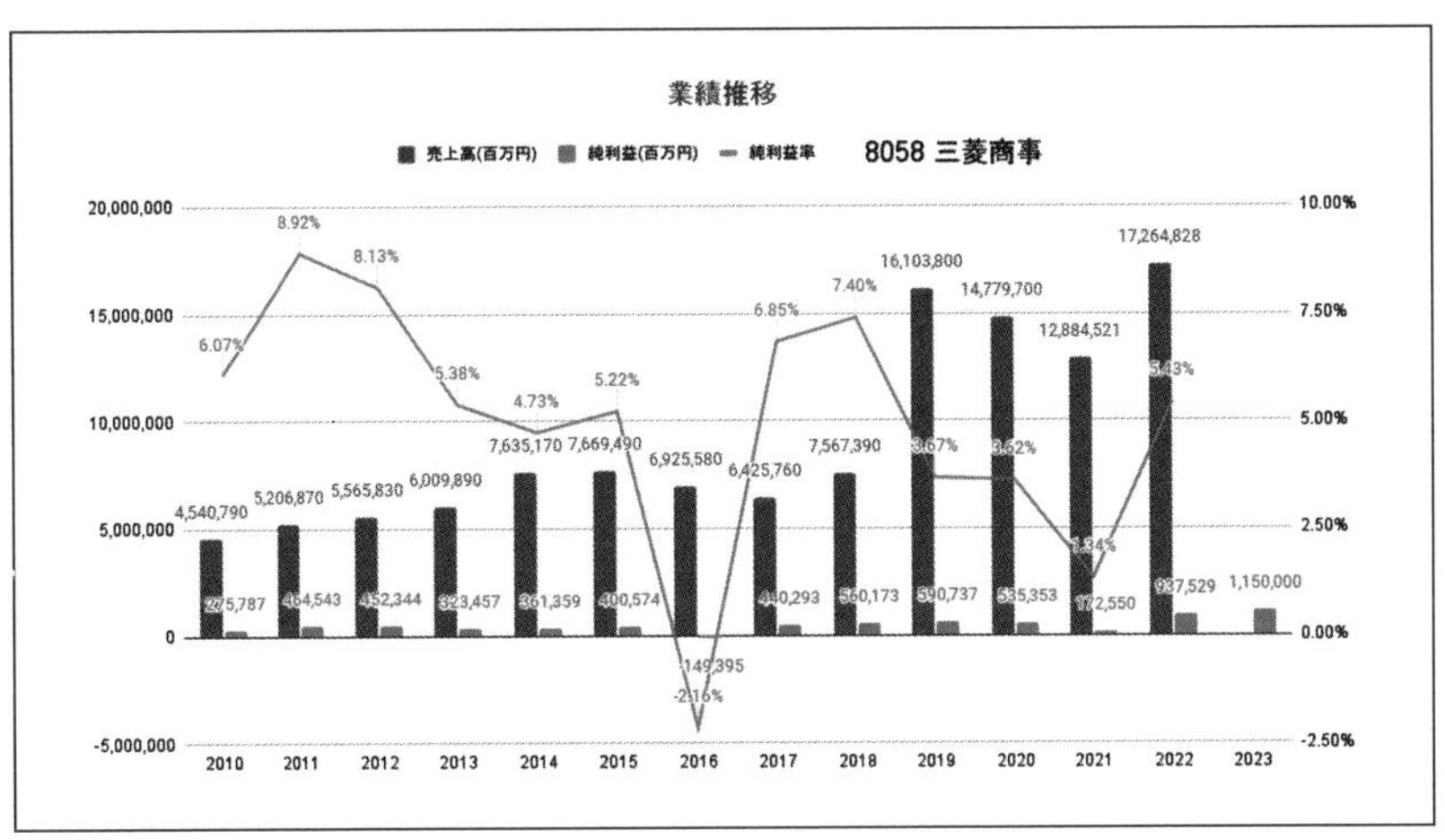

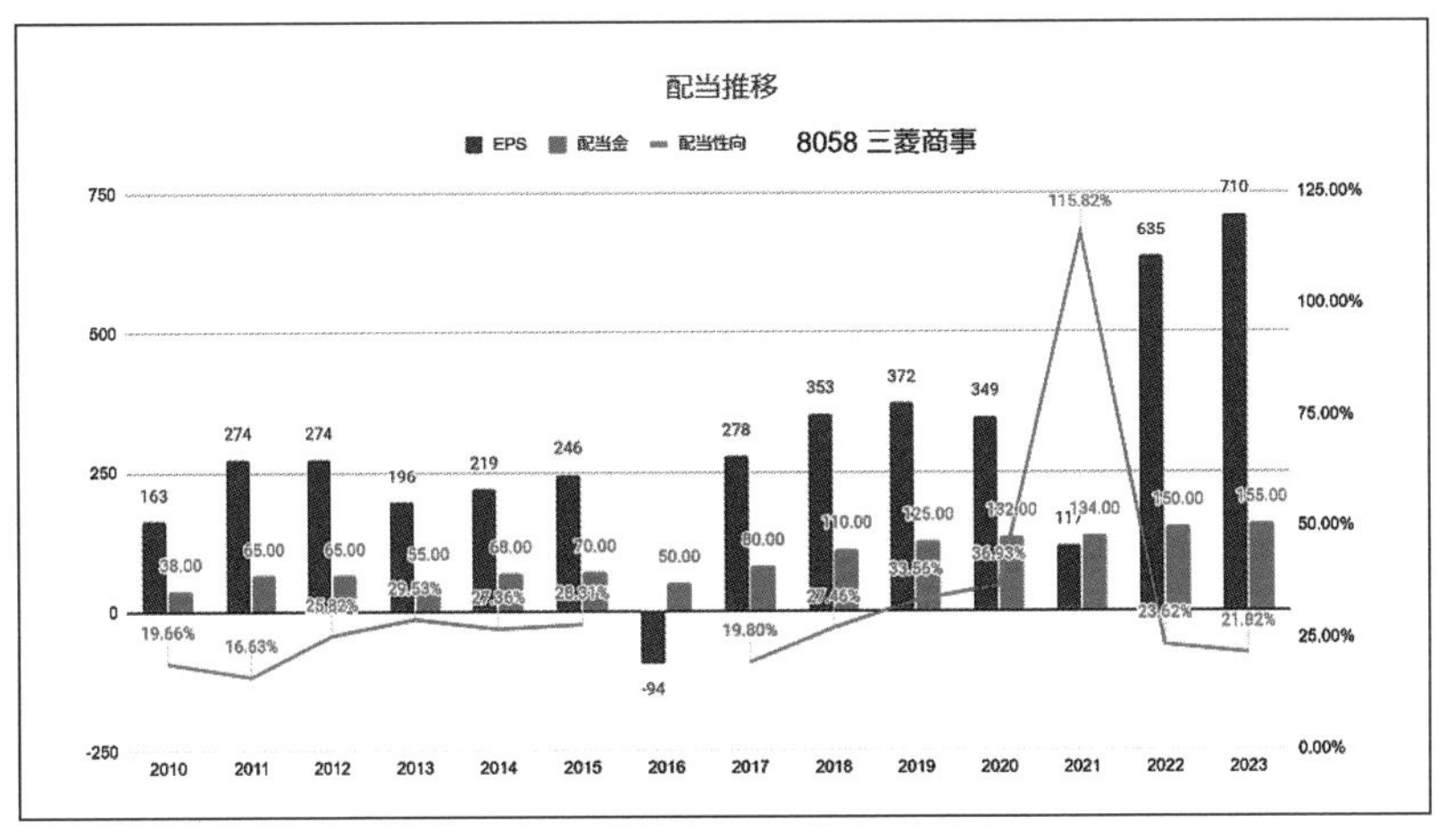

※この情報は2023年1月23日時点のものです。

⑤その他金融業　三菱ＨＣキャピタル

24年連続増配中！　配当利回りも高い銘柄

三菱ＨＣキャピタルは三菱ＵＦＪグループ系のリース会社の大手です。日立キャピタルとの合併によって、２０２２年３月期の業績は大きく伸びています。ただ、２０２１年３月期以前の業績を見ると、緩やかな成長を続けています。

特徴は株主への還元に非常に積極的なこと。23年連続増配を達成するなど安定して増配を続けており、２０２３年３月期も増配を決定したため、24年連続増配となりそうです。

２０１０年３月期からの配当推移を見ても、ずっと右肩上がりに上昇しています。直近の２０２２年３月期は28円、２０２３年３月期予想では31円となっており、２０１０年３月期から見ると高い増配率を誇っています。それでいて配当性向は40％台なので、増配余地もまだまだあると思います。２０２３年１月10日現在の株価は６３７円と、10万円以下で購入可能です。それでいてＰＥＲは８・43、ＰＢＲも０・６と、投資指標的には割安圏内です。

とはいえ、過去10年の価格推移を見ると、下値は４００円台で反発し、上値は７００円に到達したら反落しているレンジ状態となっているため、値動きは少ない銘柄です。今後も下値は４００円、上値は７００円が目安となりそうです。

やはり24年連続増配という安定感は魅力的です。配当利回りも４・５％くらいをキープしているので、ポートフォリオの中心となる銘柄です。

三菱HCキャピタル

コード	8593
業種	その他金融
時価総額	9476.25億円

企業概要
MUFGのリース大手。日立キャピタルと統合。情報機器に強み。海外に積極展開。(株探より)

PER	PBR	配当利回り	ROE	自己資本比率
8.43	0.6	4.8%	6.76%	13%

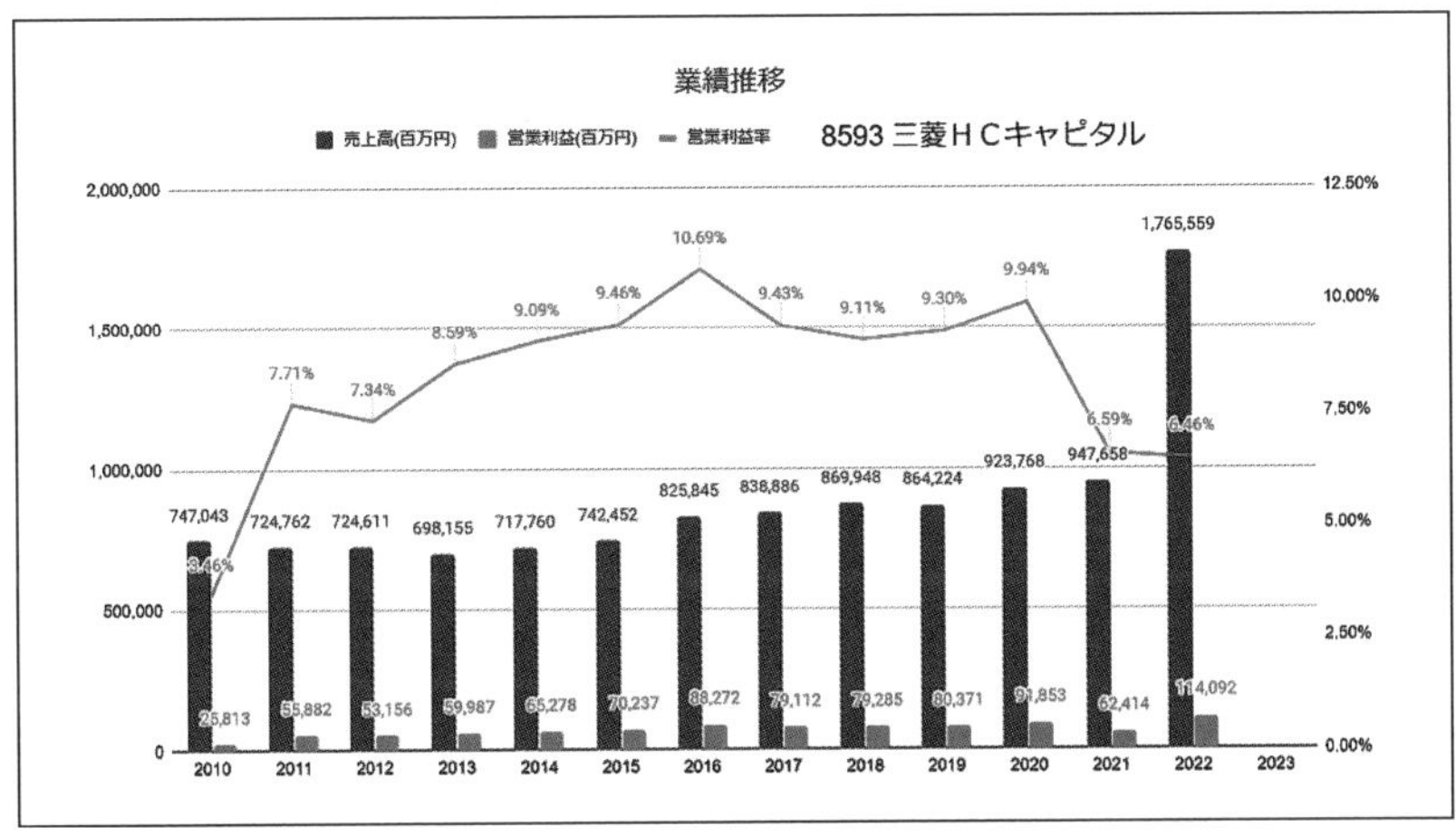

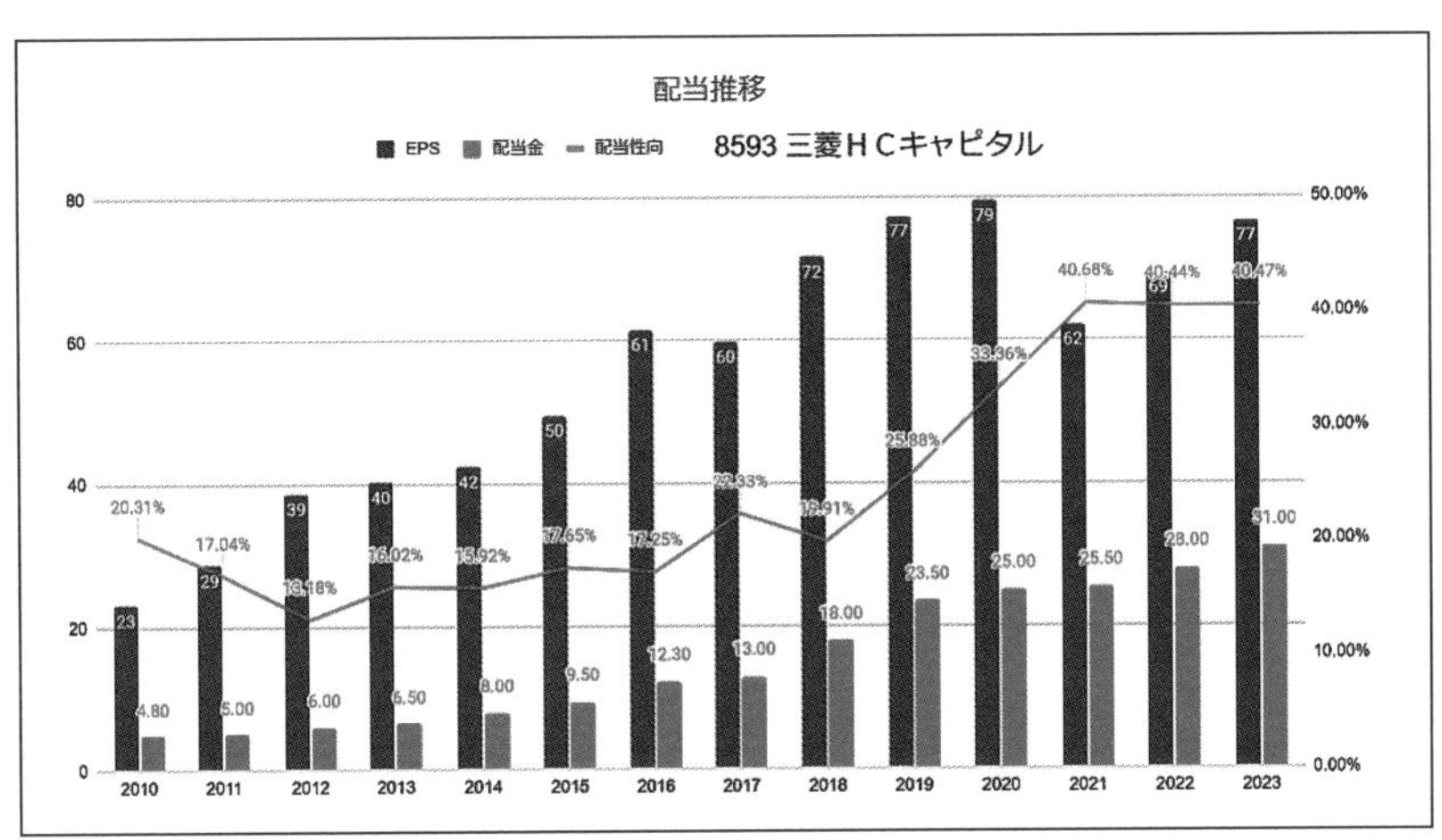

※この情報は2023年1月23日時点のものです。

⑥ 化学　信越化学工業

自己資本比率80％超の日本屈指の優良企業

信越化学工業は半導体ウエハーで世界シェアトップの大手化学メーカーです。時価総額が7兆円を超える大企業かつ、売上高も2兆円を超えるほどの成長を見せている一方で、自己資本比率も80％を超えており、日本の企業の中でもトップクラスの優良企業です。

売上高を見ると、２０１１年３月期から1兆円を超えていながらも右肩上がりを続けており、２０２２年３月期は2兆円を超えるほどの売り上げを出しています。それに伴う営業利益率も２０２２年３月期は脅威の32％と、日本トップクラスの優良企業であることを示しています。

配当推移を見ても２０１６年４月期から増配を続けています。２０１９年４月期には前年の１４０円から60円増配の２００円を出しており、２０２２年３月期はなんと前年比１５０円増配の４００円となっています。２０２０年の新型コロナウイルスの影響による半導体需要の高まりを受けて、業績と配当金が一気に増えたという形です。

株価は２０２３年１月10日現在だと1万６６６０円と、保有するのに１６０万円が必要になるので、ハードルが高いです。私自身は２０２２年9月に配当利回りが3％まで上昇したところで、これだけの超優秀な企業の配当利回りが3％なのはバーゲンセール状態だと考えて購入を行いました。現在は3％を大きく下回っている２・58％ですが、再び3％を上回ったタイミングがあれば逃さずに購入するべきだと思います。

信越化学工業

コード	4063
業種	化学
時価総額	7.16兆円

企業概要	塩ビ・半導体ウエハーで世界トップ。シリコーン(ケイ素樹脂)大手。セルロース、レアアース磁石も。(株探より)

PER	PBR	配当利回り	ROE	自己資本比率
9.86	1.88	2.58%	10.18%	82%

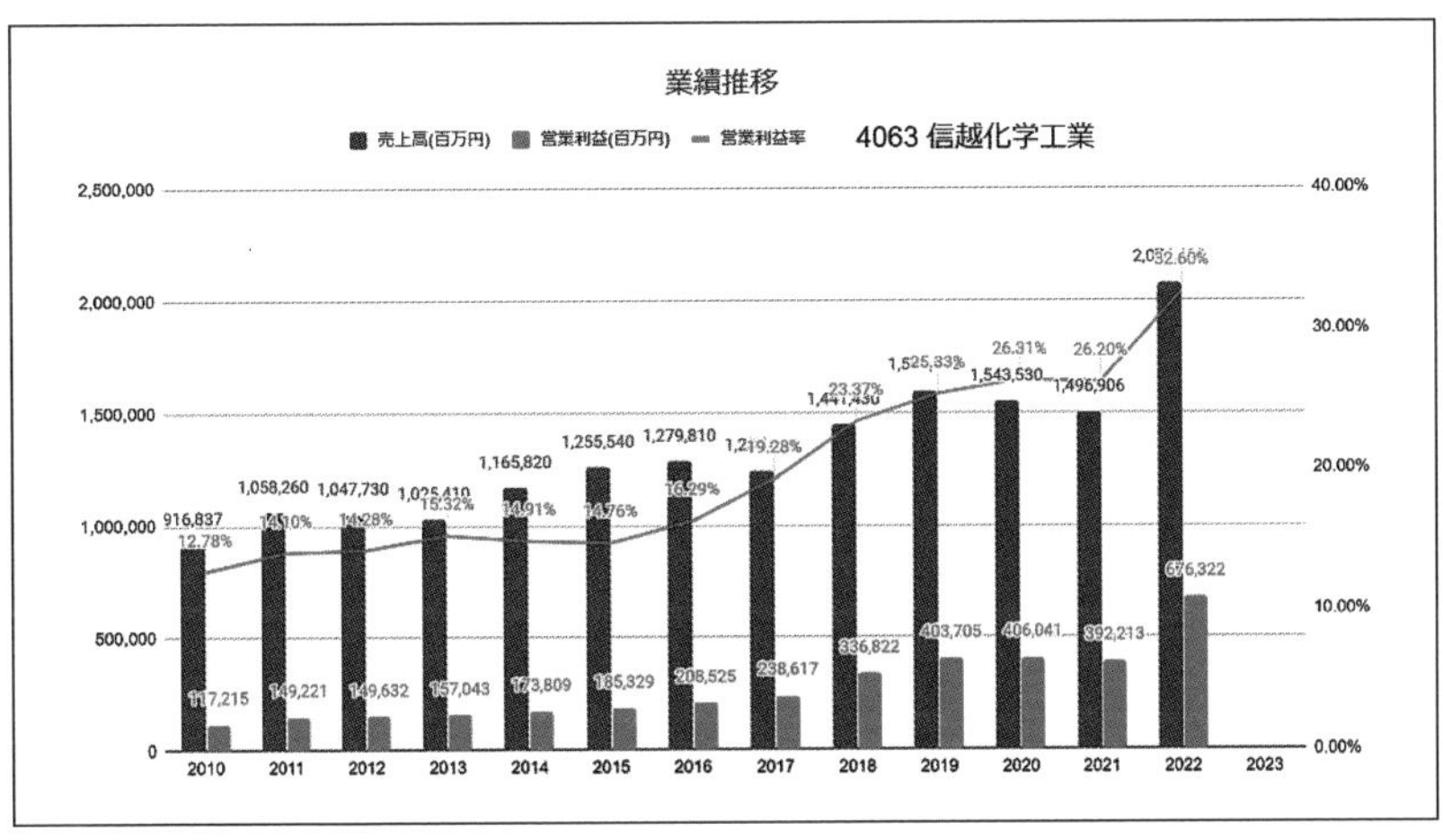

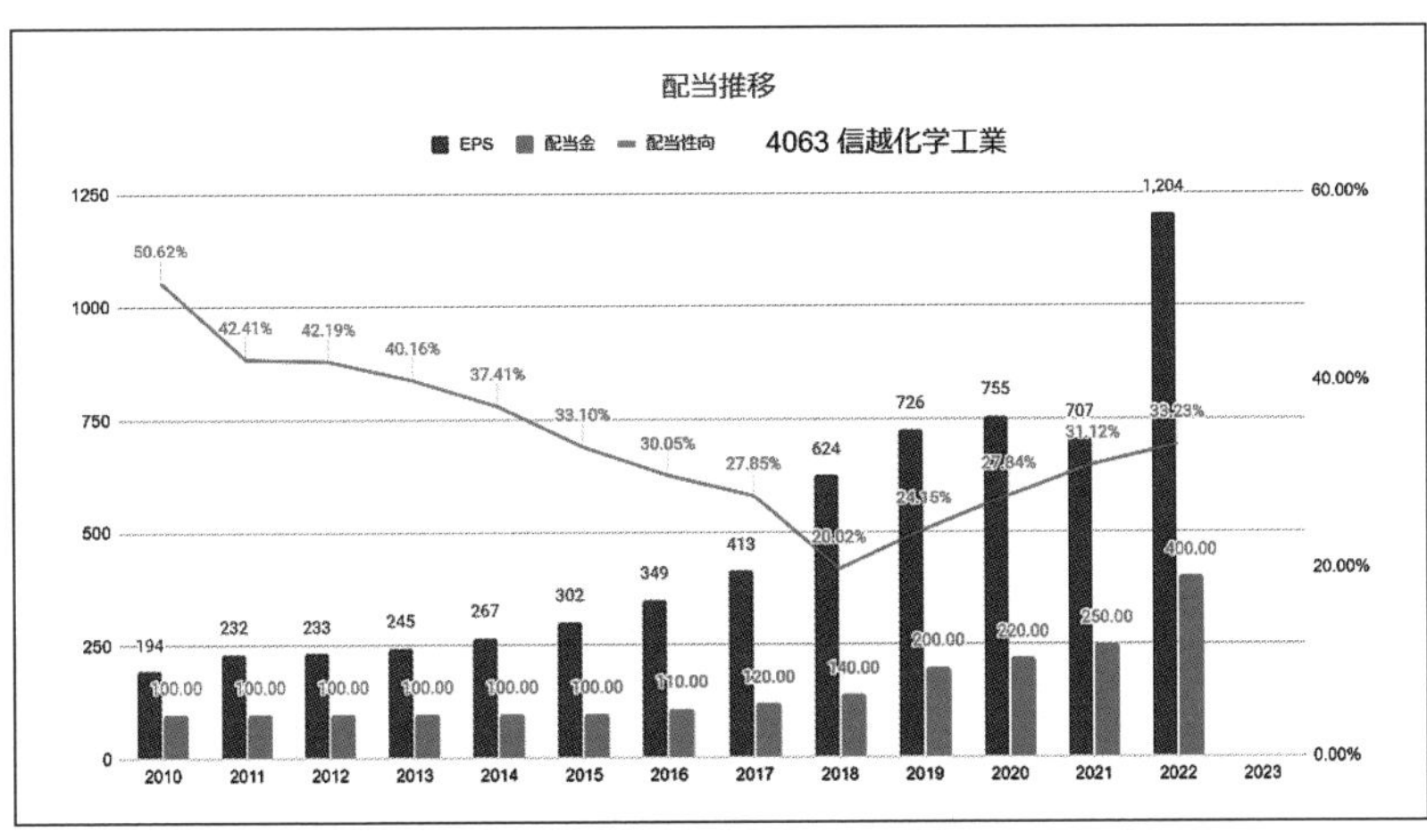

※この情報は2023年1月23日時点のものです。

⑦ 不動産業　ヒューリック

売上高も配当金も成長を続ける優良企業

お勧めの高配当銘柄の一つとして、不動産業のヒューリックを挙げます。ヒューリックは旧富士銀行（現みずほ銀行）のビル管理事業を目的に設立されました。その繋がりから、みずほフィナンシャルグループとの関係が深い企業です。

業績を見ると、売上高が順調に伸びています。2020年12月期は新型コロナウイルスの影響によって前年よりも売上高が低下しましたが、翌年の2021年12月期は売上高が約1000億円増加しています。

配当金も2014年12月期からは増配を続けています。2014年12月期の10・5円と比較すると、2022年12月期は4倍の42円の配当金を出す予定です。配当性向も年々上昇しており、2022年12月期は40％まで上昇し、EPSも上昇しているため、収益力も成長している優良企業と言えるでしょう。

自己資本比率は29％と低めですが、不動産業は物件の購入に大きな資金が必要になるので、金融機関に借り入れを行うのが一般的です。そのため、他の業界よりも自己資本比率は低くなります。ヒューリックは業績が成長しているので、すぐに債務超過に陥る可能性が低いと思われます。

現時点の配当利回りは3・67％なので、4％に上昇した時を狙っていきたいです。2023年1月10日現在の株価は1029円と、15万円あれば購入可能なので、比較的購入しやすい高配当銘柄です。

ヒューリック

コード	3003
業種	不動産
時価総額	8777.19億円

企業概要	不動産投資会社。都区内に好物件所有、物件多角化へ。私募ファンドも運用。(株探より)

PER	PBR	配当利回り	ROE	自己資本比率
11.0	1.32	3.67%	10.90%	29%

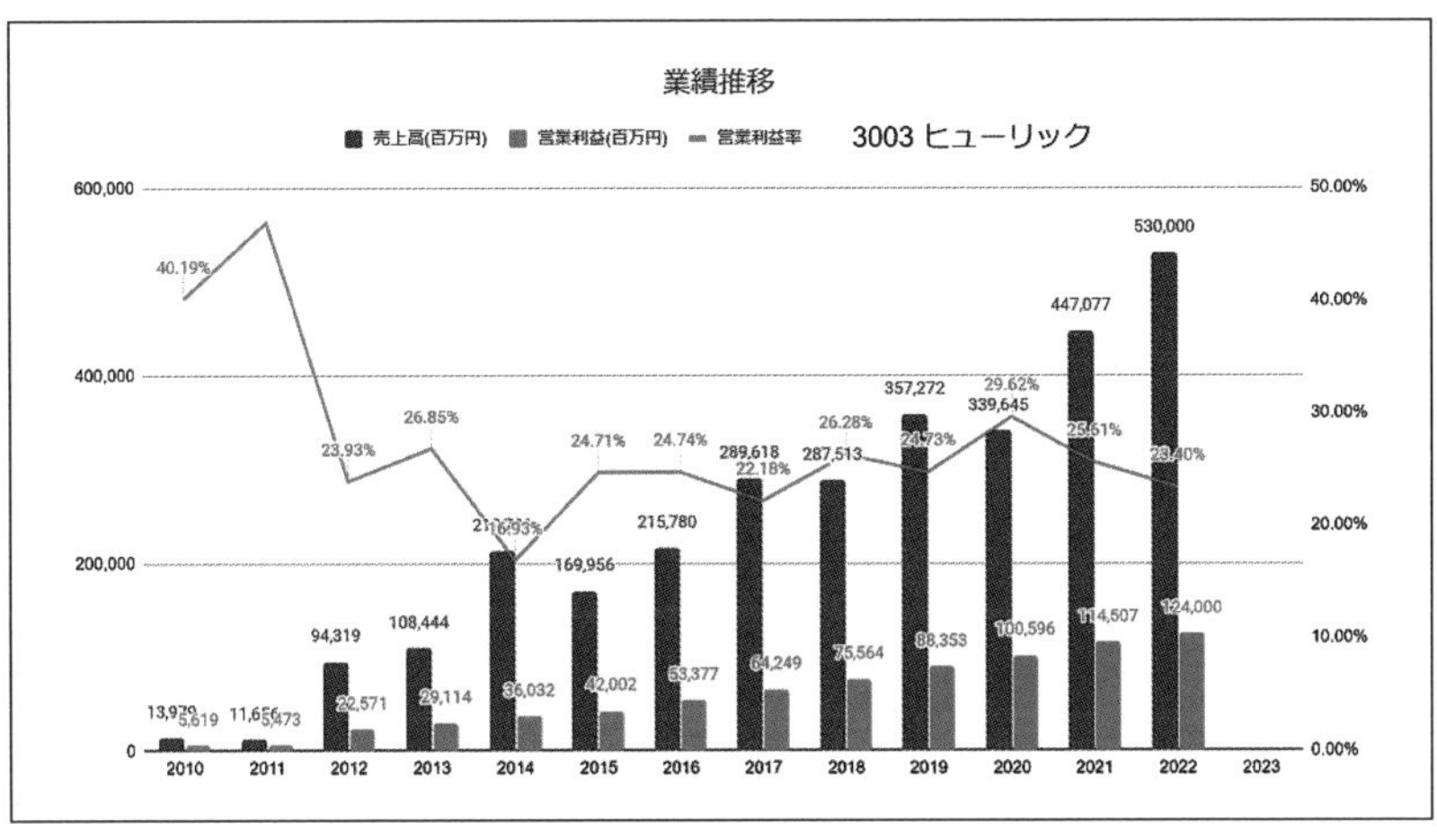

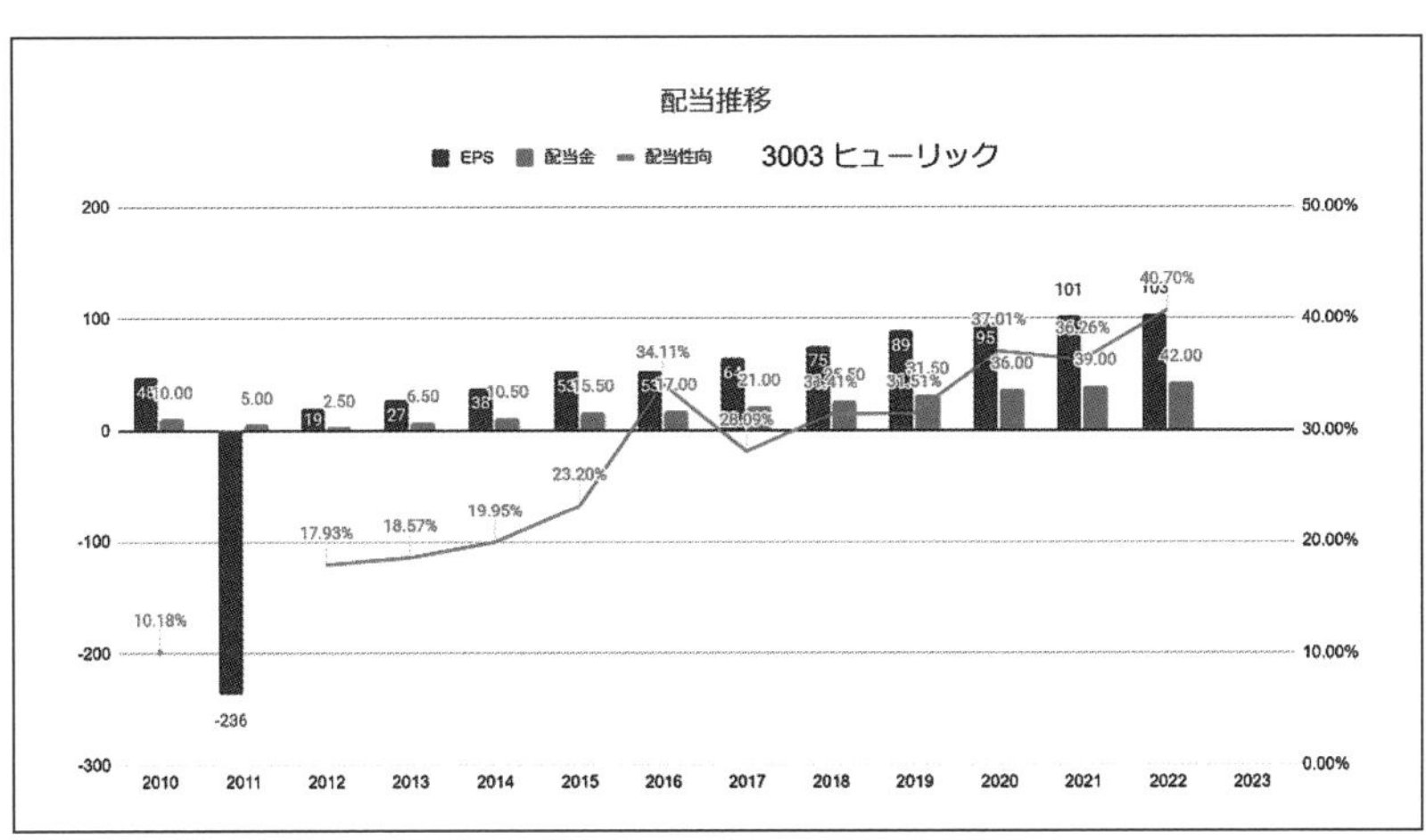

※この情報は2023年1月23日時点のものです。

⑧ サービス業　日本エス・エイチ・エル

驚異的な営業利益率と成長性の高さが魅力

私のYoutubeチャンネルでも何度も紹介している優良高配当企業の日本エス・エイチ・エル。しかし、2023年3月に企業買収されることが発表されました。上場廃止となるため「墓場まで持っていく」ことは叶いませんでしたが、本書を象徴するような優良企業ですので、紹介をします。

企業人事向け適正テストを主に提供している企業です。時価総額は163・61億円と小型株ですが、高配当かつ景気動向に株価が左右されにくいディフェンシブ銘柄というメリットがあります。

一番のポイントは営業利益率の高さで、10年以上において40%台をキープしており、小型株ながら日本の上場企業の中でもトップクラスの営業利益率を誇っている企業と言えます。

配当金も2010年9月期から増配を続け、右肩上がりで推移しています。2022年9月期は減配になっていますが、2020年9月期と2021年9月期は特別配当を実施したために伸びており、基本配当はしっかりと増配しています。

配当性向は40%台で推移していますが、企業自体は50%を目安にしている方針のため、無理のない水準で推移しています。自己資本比率も86%と、財務も非常に堅調で、売上高も伸びていることから、長期に渡って今後も成長をしていく可能性が高い企業でした。

上場廃止に伴い、今後保有を続けることは出来ませんが、このような優良企業を見つけることが高配当株投資の醍醐味でもあります。

日本エス・エイチ・エル

コード	4327
業種	サービス業
時価総額	163.61億円

企業概要
企業向け適性検査テスト、人事評価ツールと人事コンサルが両輪。マイナビと資本提携。(株探より)

PER	PBR	配当利回り	ROE	自己資本比率
14.2	2.74	3.38%	17.71%	86%

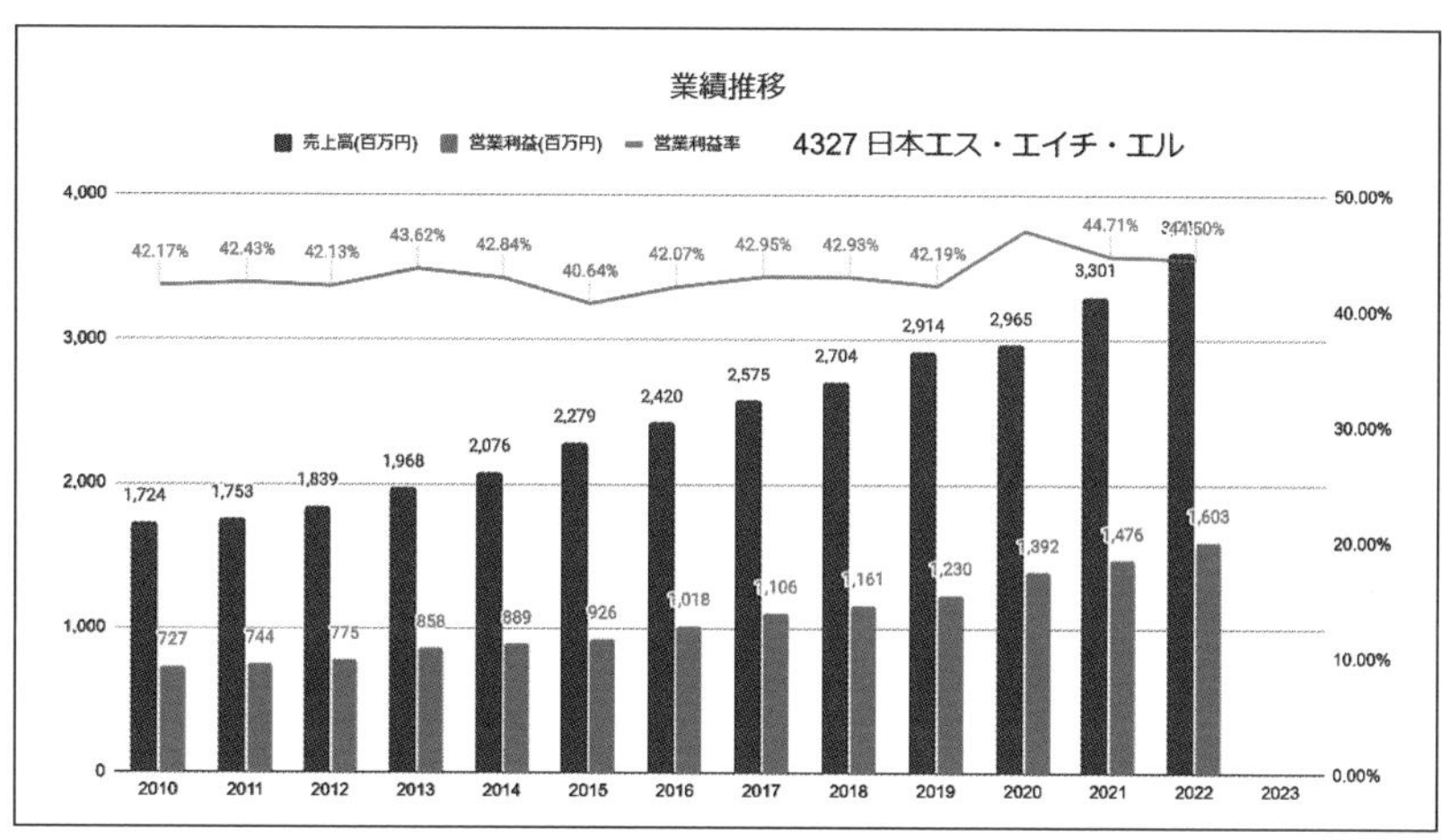

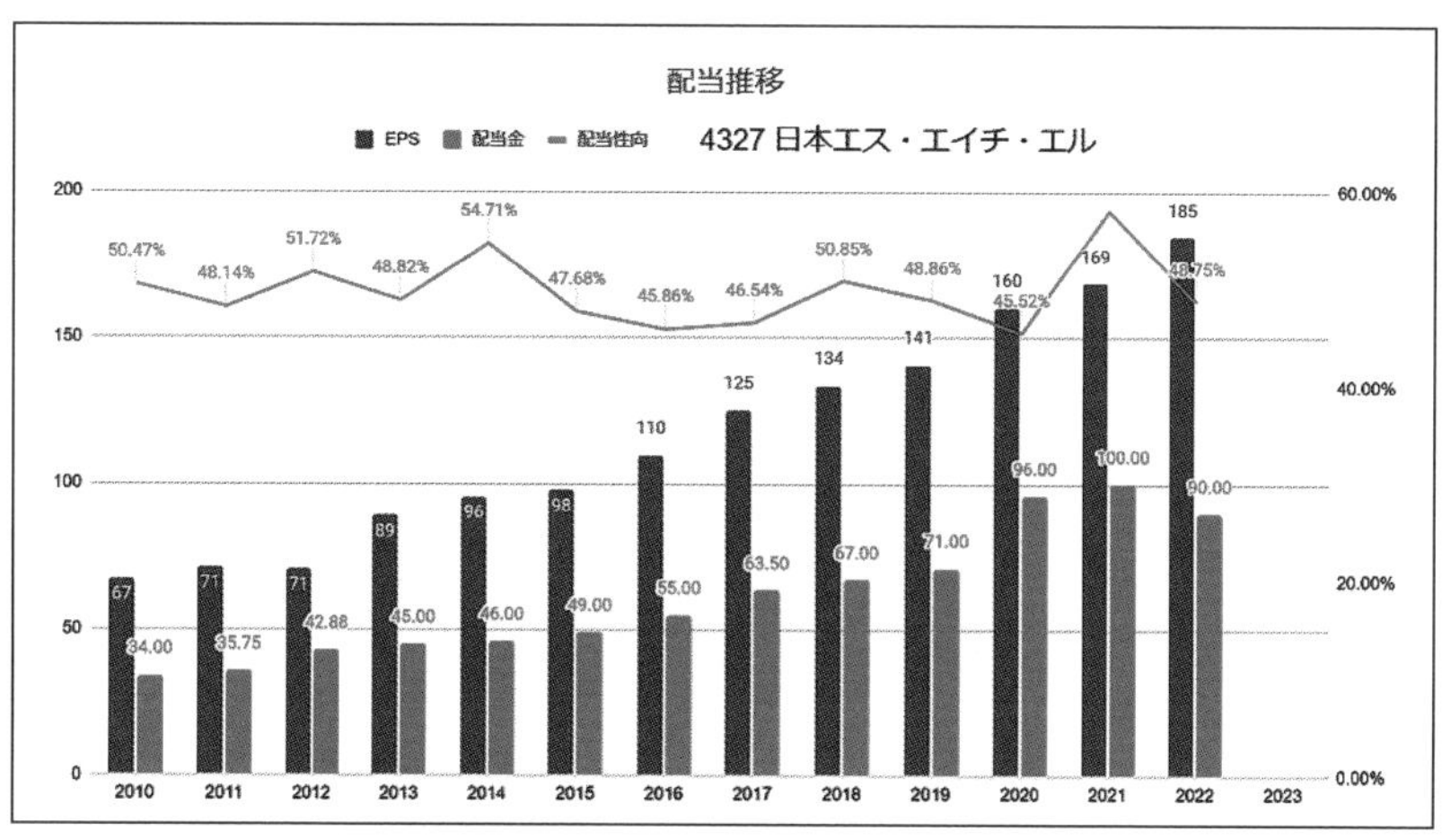

※この情報は2023年1月10日時点のものです。

⑨ その他製品　ニホンフラッシュ

小型株ながら業績は右肩上がりで経営も安定

マンション向けの内装建具を扱うニホンフラッシュも、高配当銘柄としておすすめです。時価総額は約２２１億円と小型株ですが、自己資本比率は70％と財務面が非常に堅調で、経営が安定している企業です。

業績を見ると、売上高は右肩上がりでしっかりと上昇しており、ここ10年で2倍以上になっています。営業利益率も15％前後で推移しており、高収益の企業と言えます。

配当金の推移も右肩上がりに増配を続けており、直近の２０２２年３月期は32円、そして２０２３年３月期の予想は36円と、今後も期待できそうです。

２０２３年１月10日時点の株価は８７３円と、10万円以下で購入できる銘柄です。ここ直近では２０２２年11月に１０００円をつけましたが、そこからは下落に転じて８００円台で推移します。

投資指標的にはＰＥＲが８・52倍、ＰＢＲが０・68倍と、割安圏内を示しているので、今後上昇していく可能性はありますが、中国市場が収益の柱ということもあり、中国の景気動向が一つのポイントになりそうです。

配当利回りは２０２３年１月10日現在は３・66％であり、コロナショック時の配当利回りを大きく超えている水準です。中国経済の停滞リスクで株価は低迷しておりますが、割安と言える水準かもしれません。

ニホンフラッシュ

コード	7820
業種	その他製品
時価総額	221.78億円

企業概要	マンション向け内装ドアで国内首位。中国が収益柱。完全オーダーメイドに特色。(株探より)

PER	PBR	配当利回り	ROE	自己資本比率
8.52	0.68	3.62%	13.28%	70%

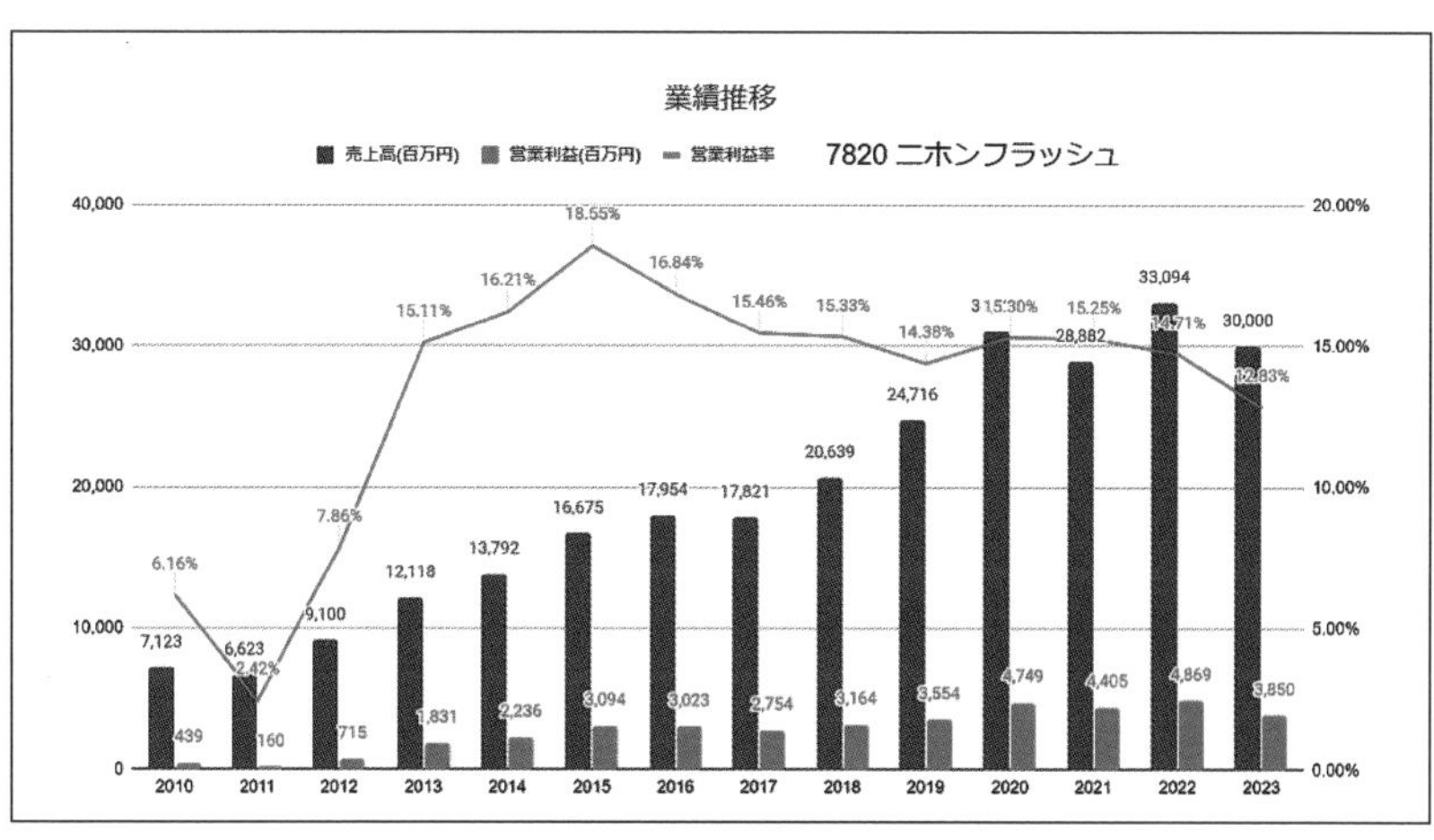

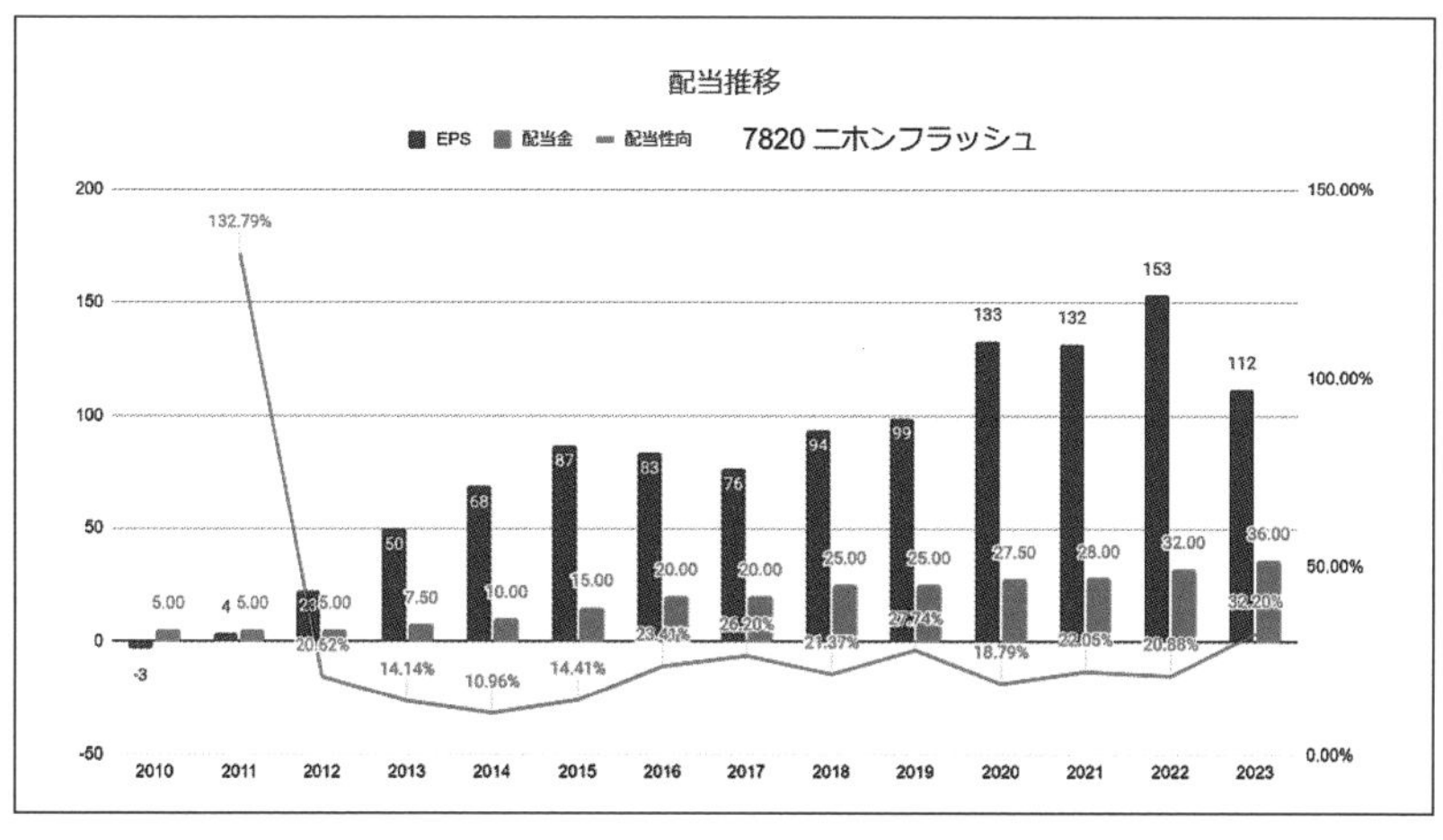

※この情報は2023年1月10日時点のものです。

⑩ 陸運業　センコーグループホールディングス

10年以上連続で業績も配当金も成長の物流大手

センコーグループホールディングスは企業物流の大手企業です。物流事業を中心に、商事事業や、介護やフィットネスクラブ運営を行うライフサポート事業など多角化戦略を取っています。

業績を見ていくと、売上高は非常にきれいな形の右肩上がりを続けていて、順調に伸びています。10年以上連続で売上高と営業利益が増加しており、２０１０年３月期の業績と比較すると約3倍に成長しています。一方で、営業利益率は低く、3～４%で推移していますが、陸運業は全体的に営業利益率が低いため、問題はありません。

配当金も業績と同じように順調に伸びています２０１０年３月期は８円だった配当金が、２０２２年３月期には4倍の32円まで増配しています。また、ＥＰＳについても10年以上連続で伸びており、収益力が高い企業だと分かります。配当性向も一般的に適正と言われている目安の30%前後で推移しているため、株主への還元に力を入れている企業です。

２０２３年1月10日現在の株価は９３６円なので、10万円あれば投資可能です。直近の株価動向は、２０２２年の高値１０２５円から９３０円台まで下落しています。ただ、ＰＥＲが９・12倍、ＰＢＲが0・94倍と割安圏内を示しているので、今後上昇する可能性はあります。

配当利回りは3・47%なので、このまま株価が下落していき４%にまで上昇したら購入のタイミングを考えても良いでしょう。

センコーグループホールディングス

コード	9069
業種	陸運業
時価総額	1537.72億円

企業概要	企業物流大手。流通、住宅、石化に強み。旭化成、積水化学などが大口荷主。(株探)

PER	PBR	配当利回り	ROE	自己資本比率
9.12	0.94	3.47%	9.75%	31%

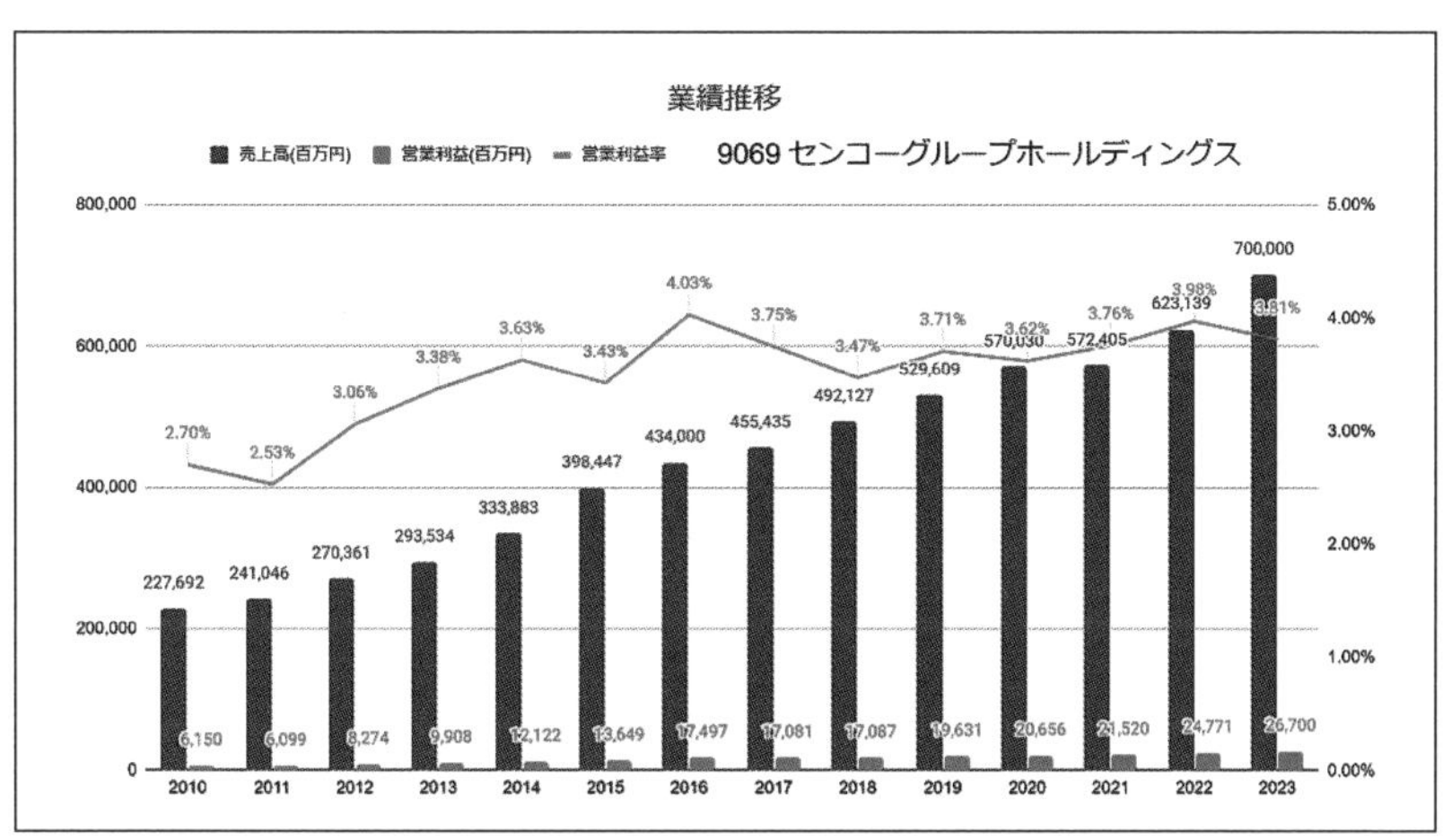

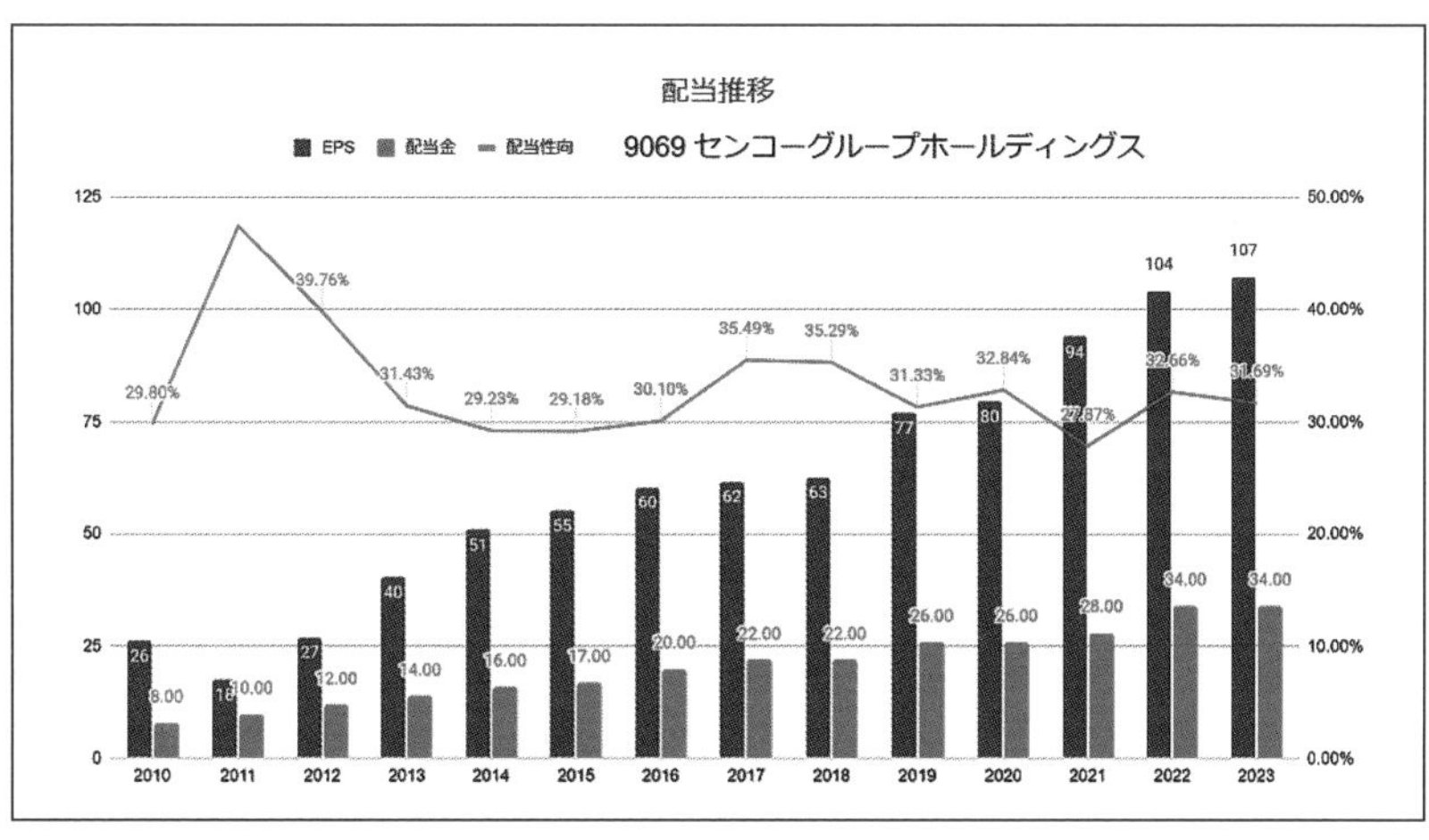

※この情報は2023年1月10日時点のものです。

もう一度、
僕と付き合ってください！
……
……
仕方ないなぁ
……っ！
はぁ…
あの日から、僕の人生は一変した。

銘柄は納得がいくまで調査して
うーん…
きゅ
FX
仮想通貨
裏付けのない投資商品や投機には手を出さなくなった
ねえバクくん最近少しだけ人生が楽しいんだ
これが前言ってた、今を豊かにするってやつ？

…バクくん？
あれ？

お金の不安を食べるバクくんは
今度はあなたのところに——

付録　高配当株投資用語集

EPS

「Earnings Per Share」の略で、日本語だと「1株あたり純利益」。名前の通り、1株あたりでどれくらいの利益を出しているのかを表す指標。利益が大きくなるほど1株あたりの利益も大きくなるため、基本的に数値が高いほど企業の収益力は高いと判断できる。ただし、発行済株式数によって変動し、発行済株式数が増加するとEPSは低下し、減少するとEPSは増加する。計算式はEPS＝当期純利益÷発行済株式数。

PER

「Price Earnings Ratio」の略で、日本語だと「株価収益率」。株価がEPSの何倍で買われているかを表す指標で、現在の株価が割高か割安かを判断するために使用。数値が低いほどが株価は割安と判断され、一般的な目安の15倍よりも高ければ割高、低ければ割安と判断される。ただし、絶対的な目安ではなく、業種ごとに平均値が違うため過信すると危険。計算式はPER＝株価÷EPS。

PBR

Price Book-value Ratioの略で、日本語だと「株価純資産倍率」。株価が会計上の解散価値である純資産の何倍かを表す指標であり、PBRが1倍のときはその企業の解散価値と株価が同じだと判断される。株価が割安か割高かを判断するための指標。一般的に1倍を下回ったら割安と言われているが、絶対的な目安ではない。計算式はPBR＝株価÷BPS（1株あたり純資産）。

BPS

Book-value Per Shareの略で、日本語だと「1株あたり純資産」。名前の通り、1株あたりの純資産額を表した数値で、高いほど企業の安定性も高いと判断される。計算式はＢＰＳ＝純資産÷発行済み株式数。

ＰＳＲ

Price to Sales Ratioの略称で、日本語だと「株価売上高倍率」。時価総額を年間の売上高で割った数値で、銘柄が割安か割高かを判断するための指標。数値が高いほど割高で、数値が低いほど割高となる。一般的に、ＰＳＲが20倍以上なら割高、０・５倍以下なら割安とされている。ただし、業種によって平均が異なるため、同業他社で比較するのが良いとされる。ＰＥＲやＰＢＲと異なり、赤字や借入の大きい場合でも算出できるので、スタートアップ企業の株価水準を判断する指標として活用されやすい。計算式はＰＳＲ＝時価総額÷売上高。

ＰＥＧレシオ

Price Earnings Growth Ratioの略。ＰＥＲを一株あたりの予想利益成長率で割った数値で、割高か割安かを図る指標。一般的に、ＰＥＧレシオが１倍以下なら割安、2倍以上だと割高と判断される。なお、１株あたり利益成長率にはＥＰＳが使われる。計算式はＰＥＧレシオ＝ＰＥＲ÷１株あたり利益成長率。

ＣＦＰＳ

Cash Flow Per Shareの略で、日本語だと「１株あたりキャッシュフロー」。その名の通り、１株あたりのキャッシュフローがどれくらいなのかを示す指数。数値が大きいほど良いとされる。計算式はＣＦＰＳ＝（当期利益＋減価償却費）÷発行済み株式数。

ＰＣＦＲ

Price Cash Flow Ratio の略で、日本語だと「株価キャッシュフロー倍率」。株価が１株あたりキャッシュフローの何倍まで買われているかを表す数値で、株価が割高なのか割安なのかを判断する指標の一つ。ＰＣＦＲは数字が高いほど割高、低いほど割安と考えられ、業界平均や市場平均と比較して割高か割安かを判断します。計算式はＰＣＦＲ＝株価÷１株あたりキャッシュフロー、またはＰＣＦＲ＝時価総額÷営業キャッシュフロー。

ＲＯＩ

Return On Investment の略で、日本語だと投資利益率。名前の通り、投下した資本に対してどれだけの利益が上がったかを表す指標。数値が高くなるほど、利益を挙げられていると判断できる。計算式はＲＯＩ＝利益÷投資額×１００。

ＲＯＩＣ

Return On Invested Capital の略で、日本語だと投下資本利益率。企業が事業活動のために投資した資金から、どれだけ利益を生み出したかを表す指標。数字が高いほど利益を出せていると判断できる。計算式はＲＯＩＣ＝（営業利益×《１－実効税率》）÷（株主資本＋有利子負債）。

ＲＯＥ

Return On Equity の略で、日本語だと自己資本利益率。株主が出資した資金を基に、どれだけのリターンがあったのかを示す指標。数値が高いほど、資金と比較して効率良く利益を生み出せていると判断できる。つまり、ＲＯＥが高いほど効率良く稼いでいて、ＲＯＥが低いほど経営効率の悪い会社だと見ることができる。計算式はＲＯＥ＝当期純利益÷自己資本×１００。

ＲＯＡ

Return On assetの略で、日本語だと総資産利益率。企業に投資された総資産に対して、どれほど効率的に利益を獲得できたかを表す指標。一般的に8％〜10％を超えると優良企業だといわれている。計算式はＲＯＡ＝当期純利益÷総資産×１００。

配当性向

当期純利益の中から、株主に対して配当金をどれくらい支払っているかを表した指標。配当性向が高ければ株主への還元意識が高く、低ければ株主への還元意識が低いと判断できる。ただし、配当性向が低いのは利益を事業投資や設備投資などに回している可能性もあり、一概に配当性向が低いから悪い企業というわけではない。計算式は配当性向＝配当額÷１株あたり当期純利益×１００。

配当利回り

株価に対して、1年間でどれだけの配当を受けることができるかを表す数値。高いほど株価に対して多くの配当金を受け取れる。配当金額が同じで株価が上昇すると配当利回りは下がり、株価が下落すると配当利回りは上がる。また、株価が同じで配当金額が大きいと配当利回りは上がり、配当金額が小さいと配当利回りは下がる。計算式は配当利回り＝１株あたりの年間配当金額÷１株購入価額×１００。

自己資本

企業の総資本のうち、株主などから調達した資本金や利益剰余金などの返済する必要がない資本のこと。株主資本とも呼ばれる。

自己資本比率

企業の総資産に占める自己資本の割合を示した指標。自己資本とは返済する必要のない資産なので、自己資本比率が高い企業は借入が少ないため堅調な経営をしていると判断できる。自己資本比率は一般的に40％あれば倒産する可能性が低いとされている。ただし、業界によって自己資本比率の平均は異なるので注意。特に銀行業のは、他人の資産を預かるので返済義務のある資産が多くなり、自己資本比率が低くなる。なお、返済義務がある資産は他人資本を呼ばれている。計算式は自己資本比率＝自己資本÷総資本×１００。

有利子負債

利息を付けて返済しなければならない負債。具体的には銀行からの借入金や社債など。有利子負債が多いほど借入が大きいと考えられる。ただし、事業投資や設備投資をする上では借入が必要になるため、有利子負債自体は必ずしも悪いことではない。例えば、不動産業は不動産を取得するには大きな資金が必要になるので、事業を拡大するには借入をしなければならない。業界によって有利子負債額の大小に差があるので注意。

有利子負債自己資本比率

自己資本と有利子負債の割合を表し、資金繰りの安全性を示している指標。高いほど有利子負債が多く、低いほど有利子負債が少ないと考えられる。一般的には１００％が目安とされており、１００％以下だと有利子負債よりも自己資本の方が多く、１００％以上だと自己資本よりも有利子負債の方が多いとされている。有利子負債自己資本比率は業種によって平均が異なる。計算式は有利子負債自己資本比率＝有利子負債÷自己資本×

100。

営業利益

企業が本業で稼いだ利益のこと。売上高から原価や販売費・一般管理費などのコストを差し引いて計算する。営業利益が大きいほど本業で稼いでいると判断できる。計算式は営業利益＝売上総利益－販売費及び一般管理費。

営業利益率

営業利益の売上高に対する割合を表す指標。営業利益率が高ければ高いほど、本業で効率よく利益を獲得していると判断できる。営業利益率は一般的に10％以上が優良企業だとされている。ただし、営業利益率が高すぎると収益を生み出すために無理をしている可能性がある。業界によって営業利益率の平均値は異なるため注意が必要。計算式は営業利益率＝営業利益÷売上高×100。

経常利益

経常利益とは、企業の行っている事業の中で得た利益のこと。本業の儲けである営業利益に、本業以外で得た営業外収益を足して、コストである営業外費用を差し引いて計算する。例えば本業が製造業であっても、所有している不動産で家賃収入や金融資産での利益は営業外収益に含まれて、売上高などには反映されない。経常利益では営業外収益も含まれるので、全体でどれくらい稼いでいるのかを判断できる数値。計算式は経常利益＝営業利益＋営業外収益－営業外費用。

当期純利益

1年間の全収益から仕入代金や人件費などの全ての費用と法人税や住民税などの税金を差し引いた

利益のこと。１年間の経営において、最終的にどれくらいの利益を出したかを測る指数。利益ではなく損失となった場合は当期純損失という。ただし、一時的な収益や損失が含まれるので、良い数字になる年もあれば悪い数値になる年もある。

当座比率

短期的な債務の支払い能力を測りたい時に使う指標で、１年以内に支払いの期限が来る流動負債に対して、短期間で換金可能な当座資産をどれだけ保有しているかを表す数値。一般的には１００％以上あれば流動負債への返済能力が十分で、１００％未満だと流動負債への返済能力が不足とされている。計算式は当座比率＝当座資産÷流動負債×１００。

流動比率

流動資産と流動負債を比較することで、短期の負債に対する企業の支払い能力を見るための指標。流動比率が高いと資金に余裕があると判断され、逆に流動比率が低いと、資金に余裕がないと判断される。一般的に２００％以上あると安全性が高く、１００％を下回ると危険と判断される。ただし、業種によって差がある。計算式は流動比率＝流動資産÷流動負債×１００。

キャッシュフロー

ある期間中にどれくらいの現金が流入し、どれだけの現金が流出したかを表す言葉。企業におけるキャッシュフローはキャッシュフロー計算書に記載されており、企業が行った活動でどれくらいの収入と支出があったのかが分かる。キャッシュフロー計算書では営業活動によるキャッシュフロー、投資活動によるキャッシュフロー、財務活動によるキャッシュフローの三つに分けられ、支出よりも収入が多ければプラス、収入よりも支出の方が多ければマイナスになる。

営業キャッシュフロー（営業CF）

本業による収入と支出の差額を表しており、本業によって手元のお金がいくら増えたか、もしくはいくら減ったかを示す。この項目の合計額がプラスの企業は現金が順調に増えているので本業が安定していると判断でき、反対にマイナスの企業は、現金が流出しているので、本業が苦戦していると判断できる。基本的に営業キャッシュフローのマイナスが続いている企業はやや危険と考えた方がよい。

投資キャッシュフロー（投資CF）

投資活動によるキャッシュフローで、固定資産や金融資産などの取得や売却をした時の現金の流れを表している。設備投資や企業買収による支出入も含まれているため、積極的な事業投資をしている企業はマイナスになる場合が多い。また、プラスの場合は、会社が持っている設備や、株式や債券などの金融資産を売った金額が投資分を上回っていることを示している。

財務キャッシュフロー（財務CF）

事業を維持していくための資金をどのような手段で、どれくらい調達したのかを表している。資金を調達した場合はプラスとなり、借金を返済した場合はマイナスで表される。プラスだから良いというわけではないので注意。積極的に事業の成長を目指す企業は借入などの資金調達が増えるため、財務CFがプラスになることがある。

投資家バク（とうしかばく）
みんなのお金の不安を食べるバク。配当金が主食。20代の頃はギャンブル投資で数百万円を失うも、現在は高配当・インデックス投資を学び、資産拡大中。ポートフォリオや家計収支をブログやSNSで公開。自身で運営するブログ「高配当・増配株で目指せFIRE」は開始5か月で収益化達成。YouTubeチャンネル「【投資家バク】高配当・増配株で目指せFIRE」は開設わずか2年でチャンネル登録者数約4.5万人に及ぶ。

バクでも稼げる高配当・増配株投資

2023年6月7日　初版発行
2023年10月23日　5刷発行

著者　投資家バク
発行者　和田智明
発行所　株式会社ぱる出版
〒160-0011　東京都新宿区若葉1-9-16
03(3353)2835ー代表　03(3353)2826ーFAX
03(3353)3679ー編集
振替　東京　00100-3-131586
印刷・製本　中央精版印刷(株)

© 2023 Toshika Baku　Printed in Japan
落丁・乱丁本は、お取り替えいたします

ISBN978-4-8272-1384-3　C0033

弊社では、投資全般に係わる相談、相場の変動予測、個別の相談等は一切しておりません。

実際の投資活動は、お客様御自身の判断に因るものです。

あしからずご了承ください。